PILOTES

Témoignages recueillis
par
Germain Chambost
et
Jean-Pierre Mithois

Éditions Altipresse

Collection “Histoires authentiques”

Quatrième édition
ISBN-13 : 978-2-911218-05-7
EAN 9782911218057

150, rue Aristide Briand
92300 Levallois-Perret
Tel. : 01 47 30 53 10
livres@altipresse.com

Crédits photographiques
Couverture : 2001 John M. Dibbs/The Plane Picture Company
Dos : photo constructeur Embraer

AVANT-PROPOS

Un commandant de bord nous a dit un jour: "Vous savez, nous sommes nombreux à avoir vécu une histoire extraordinaire". L'idée était lancée, celle de réunir les récits, quelquefois cocasses, le plus souvent dramatiques, que pouvaient nous faire des hommes dont le métier est difficile, parfois dangereux, toujours passionnant

Pilote au Biafra, André Gréard se souvient, comme si c'était hier, du moindre détail des missions humanitaires qu'il effectua il y a trente ans pour le compte de la Croix-Rouge. Jean-Luc Mansion, leader de la patrouille de douze "Jaguar" qui effectua le 17 janvier 1991 la première mission d'attaque au sol sur les troupes irakiennes au Koweit, se souvient de son baptême du feu. Jean Vignau, volontaire en 1975 pour transporter à bord de son Boeing 707 les terroristes d'Orly, a conservé en mémoire les péripéties d'un vol au-dessus du Proche-Orient qui faillit se terminer en catastrophe. Jacques Guignard -aujourd'hui disparu- sans doute le plus célèbre pilote d'essais de l'après-guerre, a gardé dans sa chair les traces d'un terrible accident au cours duquel il fut laissé pour mort.

L'aviation, c'est cela. C'est aussi un fondu de voltige comme Jack Krine, un constructeur amateur comme Mag' qui a consacré des milliers d'heures à construire un avion pulvérisé en quelques secondes, c'est encore le travail quotidien, plus anonyme, de milliers d'hommes pour qui le premier souci est d'assurer la ligne et de remplir leur mission. Certains de ces récits ont été recueillis il y a de nombreuses années, parfois au lendemain des événements vécus par les pilotes qui nous ont fait leurs confidences. Ce recueil de témoignages veut leur rendre hommage.

G.C. et J.-P. M.

BOMBARDEMENT SUR LE KOWEÏT

Des douze pilotes de l'armée de l'Air qui, le 17 janvier 1991, à bord de leurs biréacteurs *Jaguar*, effectuèrent la première attaque au sol française sur l'aérodrome d'Al Jaber, au Koweït, tenu par les Irakiens, des douze, aucun n'avait jamais participé auparavant à une mission de guerre réelle. Ce serait leur baptême du feu. Ils appartenaient à la 11e escadre de chasse, basée à Toul, et à la 7e, basée à Saint-Dizier. Tous avaient été envoyés sur la base d'Al Ahsa, en Arabie Saoudite, dans le cadre de la coalition alliée qui s'était constituée à l'instigation des Américains après l'invasion du Koweït par les troupes de Saddam Hussein. La France avait choisi de faire stationner ses avions de combat à Al Ahsa, alors que les appareils d'attaque des autres nations étaient rassemblés sur la base de Dahran tenue par les Américains.

Pour cette première mission de guerre sur le Koweït, le commandant Jean-Luc Mansion, commandant du 2e escadron *Vosges* de la 11e escadre de Toul, avait été désigné comme *leader* de la formation de douze *Jaguar* qui devaient bombarder à basse altitude la base d'Al Jaber.

Il avait choisi lui-même ses équipiers. Les pilotes de son escadron présents avec lui à Al Ahsa, bien sûr. Plus deux *invités*, deux pilotes appartenant à la 7e escadre de Saint-Dizier, que ceux de Toul avaient cooptés d'un commun accord. De quoi constituer une équipe solide, au sein de laquelle chacun savait pouvoir compter sur chacun.

Une équipe de douze pilotes à bord de leurs douze avions armés soit de *Beluga*, engins spécialement conçus pour l'attaque d'aérodromes et qui projettent des dizaines de sous-munitions aptes à neutraliser pistes, hangars, avions, etc. Soit de bombes de 250 kg freinées par parachute après le largage. Les douze avions attaqueraient en deux vagues successives de six. Un objectif, un armement, une mission tout à fait dans les cordes des douze hommes, prolongement en réel des missions d'entraînement qu'ils effectuent en France. Seule différence, et de taille : cette fois, ce serait pour de vrai.

Dans la semaine qui avait précédé l'attaque, les pilotes avaient répété deux fois la mission qu'ils allaient assurer, sans savoir, pourtant, le jour exact où ils l'accompliraient. « L'important était de bien souder la patrouille », raconte aujourd'hui Jean-Luc Mansion, devenu entre temps le colonel Mansion.

« Briefings, entraînement, debriefings se succédaient. On ne se quittait plus… Et ce que nous avons vécu ensemble, le 17 janvier 1991, a fini de faire de nous une véritable bande de copains. Au point que chaque année, à la date anniversaire, nous nous retrouvons tous, sauf empêchement majeur, pour commémorer l'événement, en compagnie de nos épouses. Elles ont été partie prenante, oh ! combien, dans ce que nous avons connu ce jour-là… ».

Ce n'est que tard dans la nuit du 16 au 17 janvier que les pilotes apprennent que le jour J est pour le lendemain. L'attaque aura lieu à l'aube. Les douze hommes ont-ils bien dormi cette nuit-là, dans l'attente du décollage ? Qui s'en rappelle ? De l'aveu même de Jean-Luc Mansion, seuls subsistent en lui des bribes de souvenirs, des éclairs de mémoire. Des images éparses. Pas du tout un film en continu, comme dans un récit de fiction.

Des instants qui ont précédé l'envol, Jean-Luc Mansion retient le départ du tarmac (parking) d'Al Ahsa, le roulage au sol vers la piste. Et qu'il a suivi à la lettre le conseil que lui avait donné un camarade plus ancien et plus aguerri que lui : « Tu t'isoles. Tu fermes ta verrière le plus vite possible. Tu fais le vide… ». Dernières vérifications, tout est bien branché, on s'en assure pour la nième fois. Et là, miracle, tout rentre dans l'ordre, les gestes familiers, les procédures s'enchaînent, les séquences répétées maintes et maintes fois à l'entraînement se succèdent sans accroc.

Ravitaillement en vol, pour accroître l'autonomie et conserver le maximum du carburant qui est contenu dans les réservoirs internes du *Jaguar*, puis, juste avant d'aborder le territoire adverse, largage du réservoir supplémentaire de 1 200 litres accroché sous le ventre de chaque avion, afin d'alléger celui-ci. C'est ensuite le passage de la ligne de feu.

Il ne s'agit pas d'une clause de style, en l'occurrence. La frontière entre l'Arabie Saoudite et le Koweït flambe. Les Irakiens ont incendié les puits de pétrole, les stations de pompage, mis le feu au pétrole qu'ils ont déversé dans les tranchées creusées en territoire koweïti, pour constituer une barrière contre une invasion terrestre.

L'horizon est bouché par un nuage de fumée noire que crachent les puits qui brûlent, mélange de flammes rouges qui vacillent, paraissent hésiter, presque s'éteindre, pour repartir de plus belle, et de suie grasse qui noircit le ciel. Mais là, devant, soudain : une trouée ! Une sorte de porte découpée dans le mur de fumée, un tunnel dans lequel Jean-Luc Mansion se faufile, suivi de ses équipiers. Cap d'attaque vers l'objectif. C'est l'équipier numéro 4 qui le verra en premier et le signalera à la radio : « Leader !... Plein nord !... ». Et Mansion voit tout, d'un seul coup d'œil, alors qu'il fonce à la vitesse de quelque 500 nœuds (900 km/h) et à 250 pieds (75 m) de hauteur : les *hangarettes* (petits hangars) blanches, là, qui abritent les appareils irakiens. Énormes. « Évidentes... », dit aujourd'hui Jean-Luc Mansion.

Il distingue les hommes au sol. Un grouillement d'hommes. L'un qui plonge dans un trou de protection. « Celui-là ne me flinguera pas...» songe Mansion en un éclair. Soulagé. Un autre qui tire sur le fil métallique qui actionne un canon de calibre 155. Tout ce qui peut lancer un projectile, canons affûts quadruples, armes légères, est pointé vers le haut. Dans son cockpit clos, sous son casque rembourré, le pilote entend nettement le départ du coup de 155. La détonation. Le canon se trouve sur la droite, le projectile passe à côté. Mais, pour le leader de la patrouille, seul importe l'objectif.

Il le reconnaît aussi : les autres détails, ce sont ses coéquipiers qui les lui ont rapportés, par la suite. Au moment du bilan, dans l'euphorie du retour, mission accomplie.

Le déluge de projectiles, qui compose une espèce de barrière. Les traçantes des rafales d'obus qui strient l'horizon autour des *Jaguar*, devant, derrière, sur les côtés, cet enfer de métal, durant quelques minutes, entre la frontière et l'objectif : il ne les pas vus. Le missile qui monte vers son avion : pas vu non plus.

Un de ses équipiers, le capitaine Depardon, l'en préviendra, Dieu merci, et Mansion larguera les leurres sur lesquels l'autodirecteur du missile ira se fourvoyer, avant de retomber piteusement vers le sol. « Depardon m'a sauvé la vie, tout simplement... ». Au total, les pilotes compteront une douzaine de missiles, au cours de leur approche et du survol de l'aérodrome d'Al Jaber.

Oui, seul importe l'objectif. Les yeux de Mansion ne distinguent que cela, les hangarettes de béton qu'il doit atteindre, de part et d'autre de la piste.

« Dans ces circonstances, le champ visuel se rétrécit. On ne voit que devant soi. Alors on fonce », se souvient Jean-Luc Mansion.

« La tête dans les épaules, on fonce, les mains crispées sur les commandes. Le lendemain, j'aurai mal au poignet droit, d'avoir serré aussi fort la poignée du manche à balai... On fonce. Et soudain... ».

Là, juste devant, en plein sur la trajectoire des douze *Jaguar*, jaillit un geyser de sable et de débris. Jean-Luc Mansion comprend aussitôt ce dont il s'agit. L'ordre d'opérations prévoyait que des avions *F-16* américains devaient attaquer l'aérodrome d'Al Jaber avant les *Jaguar* français, les précéder sur l'objectif, en larguant sur ce dernier des bombes de 2 000 livres (900 kg). De sacrés morceaux. L'explosion que voit Jean-Luc Mansion est provoquée par l'une de ces bombes. Il songe : « Est-ce la dernière de la série ? Si ce n'est pas le cas, on va se faire flinguer par les bombes qui dégringolent... ». Mais une telle pensée a tout juste le temps de l'effleurer. Son équipier n° 2, à sa droite, a lui aussi aperçu l'explosion, il s'écarte un peu, par précaution. Jean-Luc Mansion enregistre la manœuvre, et se consacre à nouveau sur la visée. Il pense : « On est bien. On va faire la passe au quart de poil... ».

Les munitions larguées pile sur l'objectif, les quatre bombes *Beluga* qui se détachent une à une de leurs supports, sous les ailes du *Jaguar* leader de la formation, et que l'on sent partir, une, deux, trois, quatre, procurent une satisfaction immense au pilote. Satisfaction et soulagement. Maintenant, virage par la gauche, vers le point de sortie.

C'est alors que retentissent à la radio les appels des pilotes dont l'avion a été touché par la DCA irakienne. Ils appartiennent à la deuxième vague d'attaque, aux six derniers *Jaguar*. Les Irakiens ont eu le temps d'ajuster leurs tirs. « Moteur gauche touché...» annonce le n° 9, le lieutenant Frank Bonnafoux.

Une balle a atteint l'un des deux réacteurs de son *Jaguar* avant qu'il ait survolé l'objectif, perforant le carter d'huile. Bonnafoux a dû couper le réacteur endommagé. Mais il a quand même pu larguer les bombes qu'il portait.

Puis c'est au tour du numéro 12, capitaine Jean-François Hummel, d'être frappé par un missile venu du sol, au moment où il virait après l'attaque. « Bombes larguées », lance-t-il sur les ondes. « Moteur droit explosé. Moteur gauche en feu...». Tant bien que mal, il parvient à maîtriser les embardées de son avion, dont il dira plus tard qu'elles ressemblaient à ce qu'il imaginait être les dérapages sur une voiture de Formule 1.

Son moteur gauche continue pourtant de fournir bravement sa poussée, assez pour permettre à l'avion de voler, même si c'est à vitesse réduite.

Un troisième *Jaguar* est lui aussi atteint, celui du lieutenant Christ. Un obus s'est logé quelque part dans les commandes de vol, qui deviennent extrêmement dures à manœuvrer. Mais l'avion vole toujours. Simplement, l'atterrissage ne sera pas de tout repos (ce qui se vérifiera au retour sur Al Ahsa).

La radio retentit de cris, d'appels qui s'entrecroisent, brouillant les communications. Au point que le leader intervient : « On se calme !... », ordonne-t-il, pensant à part lui qu'il est plus facile de dire cela, quand on se sait indemne, que de se colleter avec un avion bancal, comme les trois qui ont signalé leurs diverses avaries. Chacun est seul face à ses problèmes, à ses interrogations, à ses craintes. Seul. C'est le sort du pilote de chasse. « On se calme, et on sort d'abord des lignes... » ordonne encore Mansion. Transcription élégante de l'expression familière aux pilotes de l'armée de l'Air : « On trie d'abord les patates, et on avise ensuite... ».

Les deux éclopés les plus atteints se traînent, distancés par leurs camarades mieux lotis. Mais pas paniqués pour autant, apparemment. Ils se surveillent, se contrôlent l'un l'autre, inspectent mutuellement leurs appareils. « Quand ça explosera, tu me le diras... » glisse Hummel à l'intention du lieutenant Bonnafoux.

Le moteur gauche d'Hummel fonctionne encore, crachouille de la fumée. Les deux pilotes ont décidé de rejoindre un aérodrome de secours plus proche qu'Al Ahsa, celui d'Al Jubail, occupé par les Américains. Bénissant le *Jaguar*, avion bimoteur, qui en dépit d'un réacteur HS (hors service), continue de tenir l'air.

C'est alors, au moment de franchir la frontière, qu'un quatrième pilote signale que lui aussi a été touché. Il s'agit du capitaine Alain Mahagne. Il venait de larguer ses bombes et tournait la tête pour surveiller les départs de missiles, quand il a ressenti un choc violent sur son casque. Aveuglé durant quelques secondes, il a le réflexe de tirer sur le manche à balai pour prendre de la hauteur et ne pas risquer de percuter le sol.

Apparemment, son avion n'a subi aucun dommage. Mais un moment plus tard, il constate qu'un filet de sang lui dégouline le long du cou. « Chef, dit-il à la radio, je suis touché. J'ai un trou dans la tête...» En réalité, la balle qui a traversé son casque lui a simplement entamé le cuir chevelu. Et chacun sait que le cuir chevelu, très irrigué, saigne à la moindre blessure. Mais, cela, Alain Mahagne n'en aura confirmation que plus tard, après son retour à la base. Et comprendra qu'il a échappé de peu à la mort. Pour l'heure, il est sonné. Un de ses camarades va se charger de le guider à la voix jusque sur la piste d'Al Ahsa, avec priorité à l'atterrissage pour lui. Il aura l'élégance de ne s'évanouir qu'après avoir garé son *Jaguar* sur le tarmac...

Avant de se présenter lui-même face à la piste, Jean-Luc Mansion entend les pilotes des deux avions éclopés annoncer : « Visuel sur Al Jubail...», indiquant ainsi qu'ils voient de leurs yeux l'aérodrome de dégagement. Rassuré, il rejoint les autres *Jaguar*, sous le regard ému et admiratif des personnels au sol, qui comptent les avions un à un au fur et à mesure qu'ils atterrissent.

Quant aux deux *Jaguar* qui manquent, on apprendra bientôt qu'ils ont posé leurs roues sur la piste d'Al Jubail. Sans encombres. A l'étonnement des Américains devant l'état, notamment, de l'avion du capitaine Hummel, réacteur droit déchiqueté par le missile, et arrière gauche noirci par le feu.

Tout de même, quatre avions sur douze atteints par les défenses anti-aériennes irakiennes, cela fait beaucoup. Passée l'euphorie du retour, force est de constater que la tactique d'attaque employée en ce 17 janvier 1991 ne peut être qualifiée de satisfaisante. On en changera donc pour les missions futures. Plutôt que de voler à très basse altitude, on volera à moyenne altitude, hors de portée des missiles, mitrailleuses et autres canons. « Le *Jaguar* permettait cela sans problème, » commente Jean-Luc Mansion. « Ne l'a-t-on critiqué, pourtant ! Un vieil avion », disaient certains. « Qui ne peut attaquer de nuit », renchérissaient les autres. Oui, c'est vrai. Mais souple d'emploi. Qui nous permettait à changer de tactique à la demande... Les Britanniques n'avaient pas cette possibilité, avec leurs biréacteurs *Tornado*, plus modernes, plus sophistiqués. Ils ont dû poursuivre leurs attaques selon le même schéma. Et ont enregistré des pertes, les jours suivants...

En France, dès les premières heures de ce 17 janvier 1991, radios et télévisions ont annoncé le début des attaques aériennes contre les positions irakiennes au Koweït. Les épouses, les familles, les proches, les amis, tous ceux qui se trouvent liés de près ou de loin aux pilotes des *Jaguar*, tous savent à quoi s'en tenir. Le déroulement de ce que l'on a appelé la guerre du Golfe a en effet été médiatisé comme jamais aucun autre conflit auparavant.

« La radio annonçait notre décollage, quasiment en

direct, et ceux qui nous connaissaient attendaient, deux heures plus tard, le flash d'information qui indiquerait que nous étions tous rentrés...» se rappelle Jean-Luc Mansion. «Les journalistes eux-mêmes, en tout cas certains d'entre eux, ont reconnu qu'ils en avaient peut-être trop fait. Qu'ils rendaient compte de nos missions comme s'il s'était agi d'une étape du Tour de France. Sans trop penser à ceux qui vivaient dans l'angoisse de notre retour. Et que cela n'était sans doute pas tout à fait convenable...».

La base aérienne de Toul, cette année 1991, s'était vue décerner le prix Mirabelle. Un prix offert par les journalistes lorrains à ceux qui, chaque année, ont le mieux contribué à rehausser l'image de la Lorraine. Le prix Mirabelle revenait ainsi à la base aérienne qui abrite la 11e escadre de chasse et ses *Jaguar*, revenus au bercail. C'est à l'occasion de la remise de ce prix que les journalistes ont tenu à présenter leurs excuses publiques, en particulier aux familles des pilotes. Pour avoir parfois confondu guerre du Golfe et Tour de France cycliste...

LE FONDU DE VOLTIGE

Il s'appelle Jack Krine, l'œil bleu est malicieux sous les sourcils, l'épaisse moustache blanche rebique vers le haut et lui mange les pommettes. Quand il est en confiance, sa faconde s'accompagne de gestes larges qui miment ses exploits dans l'art délicat de l'acrobatie aérienne qui reste sa passion. Car lorsqu'il en a le loisir, il dessine des arabesques dans le ciel, grands huit, tonneaux barriqués, vols sur le dos, loopings, etc.

En fait, Jack Krine est un pilote très sage d'airbus *A-320* et pour le compte d'Air France, il emmène paisiblement ses passagers vers Moscou, Istanbul, Athènes ou Nice. Ça, c'est le côté face du personnage, celui du commandant de bord consciencieux pour qui la *ligne* est sacrée. Mais il y a le côté pile, celui d'un fondu d'aviation qui ne prend vraiment son pied que la tête en bas sur de drôles de machines, que ce soit une *trapanelle* de la Grande Guerre ou un *Mig 29* soviétique, fruit de la dernière couvée, qu'il propulse vers l'infini en respectant une verticale parfaite. Il prend alors sept "G", son corps se ratatine, son sang dégringole dans ses chaussures, il est à la limite du voile noir. Et alors ! Qu'importe puisqu'il est heureux. Krine rigole quand il vous raconte ça, on est funambule ou on ne l'est pas. Ce souvenir, comme beaucoup d'autres, fait partie de son jardin secret.

L'aviation, Krine est tombé dedans si l'on peut dire lorsqu'il était encore dans son moïse. Il se souvient : « Je suis né à Corné près d'Angers en 1943, à portée de caillou d'un terrain de chasse allemand. Les gens du village avaient coutume d'aller se baigner dans une rivière encadrée de grands peupliers, l'Authion, dotée d'un barrage pour permettre l'arrosage des cultures.

Un jour, des *Lightning* anglais ont attaqué le terrain allemand et balayé à la mitrailleuse les alentours. Dans mon berceau, j'ai attendu que la vague passe mais c'est sans doute ce jour-là qu'inconsciemment j'ai attrapé le virus ».

A cette époque, Jack Krine était mouflet, ce sont son grand-père et son père, tous deux boulangers, qui lui ont raconté plus tard l'anecdote suivante : « Un bombardier *Lancaster* avait été abattu par les Allemands et un membre de l'équipage avait survécu. Mes parents l'ont récupéré mais ils ne savaient pas où le planquer. Alors ils ont pensé au four où ils venaient de cuire une fournée et ils l'ont caché dedans. Les

Allemands ont fouillé la maison de fond en comble sans rien trouver mais au dernier moment, l'officier qui les commandait a voulu inspecter le four. Mon grand-père lui a déconseillé de toucher la porte sous peine de graves brûlures. Quand ils ont sorti l'Anglais, le *rosbif* était cuit à point. Non, je plaisante, mais le four était encore très chaud ! ».

Krine a quinze ans lorsqu'il obtient une bourse de l'Armée de l'air et c'est au Mans qu'il apprend à piloter sur un *Piper Cub*. Dans la foulée, il passe ses brevets de planeur et de parachutisme. C'est très logiquement qu'il se retrouve sur un monomoteur de chasse, le *North American T 6*, qui participait aux dernières opérations de la guerre d'Algérie. Ensuite, il apprend à discipliner l'avion à réaction, tout d'abord le *Fouga Magister* à Orange puis le *T33* à l'école de chasse de Tours. C'est enfin le lâcher en solo sur *Mystère IV* avant le modèle *B2* puis le *Mirage III*.

Il était élève, il devient instructeur à Cognac avant d'intégrer à Salon-de-Provence la Patrouille acrobatique de France (PAF). En 1978, il quitte l'armée et devient pilote à Air Inter puis Air France.

Mais le virus ne l'a pas lâché pour autant. Ce qu'il aime, c'est être un électron libre dans les grands espaces. Alors, parallèlement à sa fonction de commandant de bord, il consacre son temps libre à sa passion qui le mène sur plusieurs continents. Aux États-Unis, la Federal Aviation Agency lui délivre une carte qui n'est pas donnée au premier venu, c'est une licence spéciale de compétence acrobatique. Il participe aux démonstrations organisées par la

Confederate Air Force et deux fois par an, il prend le chemin d'Opaloka en Floride, histoire de donner un peu d'air à une relique de 1935, un *Morane 317 parasol* qu'il a confié à d'autres mordus qui l'entretiennent en son absence.

A Kirosky, en Ukraine, il redevient instructeur trois fois par an sur *MIG 29* et *Sukkoi 27*, des monstres de puissance qu'il apprivoise en un tour de piste.

Mais le terrain qui lui tient le plus à cœur, c'est celui de la Ferté-Allais à quelques encablures de Paris. « La Mecque des vieux avions historiques », dit-il avec émotion, « un véritable musée volant où sur les cent appareils qui sont dans les hangars, quatre vingt sont en état de vol. Du *Blériot 9* aux jets les plus modernes ». Sous la férule de Jean Salis qui est l'âme de cette extraordinaire entreprise, les fanatiques de tous poils viennent restaurer les vieux zincs et pratiquer la voltige. Point d'orgue, le grand meeting de la Pentecôte qui attire la foule des grands jours. Jack Krine compte aujourd'hui 15 000 heures de vol. « C'est pas énorme si on compare avec un pilote qui a fait toute sa carrière dans une compagnie aérienne », précise-t-il, « mais lorsqu'on est dans la chasse, on ne vole pas plus de quarante minutes d'affilée. En revanche, j'ai pratiqué 75 000 atterrissages tous temps et sur tous les types d'avions ». Bilan, quatre crash sans trop de dommages corporels, si ce n'est une colonne vertébrale froissée lors d'un atterrissage de fortune au commandes d'un *Mystère IV* dont le moteur s'était malencontreusement éteint.

Des souvenirs, Jack Krine en a à la pelle. Les plus

exaltants, ceux qui lui donnent le plus chaud au cœur, datent de son passage à la *Patrouille Acrobatique de France* de l'Armée de l'air. De 1976 à 1978, deux ans et demi à flirter avec le danger en volant à deux mètres derrière son copain et en respectant un petit mètre d'écartement avec ses voisins de gauche et de droite. Cela à 340 nœuds ! L'acrobatie aérienne, surtout en formation, cela demande une parfaite condition physique, la maîtrise de ses nerfs et un travail d'équipe particulièrement pointu qui se peaufine dans des entraînements sans cesse répétés au rythme de cinq tous les deux jours. Krine se souvient :

« Un jour, la PAF a participé à un meeting aérien qui se déroulait à Milden-Hall en Angleterre sur une base américaine. Une grosse réunion avec beaucoup d'avions civils et militaires. Nous avons été reçus comme des rois. Les mécanos de la base ont tenu à effectuer un contrôle technique très sévère de tous les appareils et ils ont tiqué en constatant que les neuf *Fouga Magister* de la PAF ne possédaient pas de siège éjectable. Pour eux, il fallait être Frenchie pour voler dans ces conditions ! ».

« Lors du breefing qui a précédé les démonstrations, nous avons reçu les dernières recommandations ponctuées d'un solennel : "Gentlemen, do your best, you are professionnals. Don't make a crash". (1) ».

« Notre tour est venu de nous mettre en piste pour une démonstration de vingt minutes. A notre habitude, pour être plus légers, nous n'avions pas mis de

(1) Messieurs, faites de votre mieux, vous êtes des professionnels. Pas de crash.

pétrole dans les bidons, nous avions juste fait les pleins internes soit 750 litres de carburant ».

« J'étais le deuxième solo, le numéro 9 en queue de peloton. Après une attente imprévue, nous décollons et nous effectuons sans problème notre démonstration qui se termine par la figure dite du *drapeau*. Elle consiste à effectuer un passage des neuf avions en colonne tout en lâchant des fumées bleue, blanche et rouge. Cette démonstration est réalisée dans l'axe de la piste avant de partir en boucle verticale pour terminer la présentation ».

« C'est alors que j'ai regardé ma jauge, elle était à zéro. J'ai averti mon leader, Marc Amberg, qui m'a dit de dégager. Je lui ai répondu que j'avais assez de *badin* pour respecter la figure et me poser. Dès que j'ai touché les roues, le premier moteur s'est éteint et j'ai emprunté la première bretelle pour dégager la piste. J'ai réussi à rejoindre une alvéole juste avant que le second réacteur s'arrête à son tour. Dans l'impossibilité de bouger le Fouga, j'ai du poireauter deux heures dans l'alvéole le temps que le meeting se termine avant de pouvoir être remorqué. Tous les quarts d'heure, les Américains aux commandes de leurs zincs ou au volant de leurs voitures de piste passaient devant moi en rigolant : "Hello Frenchie, what about you ?"(1) ».

Qu'on ne s'y trompe pas, Jack Krine est un homme tranquille. Le lendemain de notre rencontre, il effectuait un Paris-Nice et retour. En rêvant peut-être de

(1) Hello le Français, que se passe-t-il ?

reprendre bientôt les commandes de son *Morane 317* qui l'attend en Floride ou d'entamer un tonneau barriqué à bord d'un *Sukkoi 27* dans le ciel ukrainien.

RAID CONTRE KHADAFI

Au début des années soixante, le Tchad fête son indépendance et commence alors une lutte acharnée pour le pouvoir qui durera de nombreuses années. En 1973, la Libye s'immisce dans le conflit, Khadafi ne dissimulant guère ses visées expansionnistes et en 1978, la France est contrainte d'intervenir.

Le président Malloum a été renversé par deux hommes qui deviendront des frères ennemis, Hissène Habré et Goukouni Oueddei. Ce dernier soutenu par la Libye s'empare de la capitale, N'Djamena, en est chassé en 1982 mais entreprend l'année suivante la conquête du pays toujours avec l'aide de Tripoli. Il s'empare d'une position stratégique, l'oasis de Faya-Largeau, ce qui entraîne au mois d'août l'intervention de la France. C'est l'opération *Manta. Jaguar, Mirage F-1, C-135F* et *Atlantic* se posent à

N'Djamena. Le 25 janvier 1984, à l'occasion d'un accrochage avec une colonne motorisée de Goukouni Oueddei, un pilote de *Jaguar*, le capitaine Croci, trouve la mort. Après cette agression, les autorités françaises feront remonter la *ligne rouge* au 16° N (elle était auparavant au 15° N) que les Libyens ne devront pas franchir.

Au mois de septembre, le conflit connaît une accalmie et les Français retirent une partie de leurs forces mais des reconnaissances effectuées par des *Mirage IV* venus de Bordeaux révèlent que les Libyens sont en train de construire un aérodrome à Ouadi-Doum, située à 150 kilomètres au nord-est de Faya-Largeau. Du solide. La piste est longue de 3 800 mètres, elle est donc apte à accueillir les avions de combat les plus performants ce qui constitue une menace inacceptable pour N'Djamena. L'armée de l'air reçoit alors de Paris l'ordre de la détruire dans le cadre de l'opération *Épervier* et le 16 février 1986, des *Jaguar* partis de Bangui lâchent avec succès des bombes anti-pistes *BAP-100*. Ce raid constitue non seulement une entreprise à caractère militaire mais aussi une action politique par laquelle la France voulait montrer à Khadafi qu'elle ne tolérerait pas de tentative sur la capitale tchadienne.

Les représailles de Kadhafi ne tardent guère, le lendemain un *Tupolev-22* largue des bombes freinées sur l'aéroport de N'Djamena sans faire de dommages.

C'est l'escalade. Le 14 novembre de la même année, les Libyens s'emparent de Fada dans l'Ennedi, offensive à laquelle répond le 2 janvier 1987 Hissène

Habré toujours au pouvoir. Ses troupes submergent Fada dans la journée et en réponse, les Libyens bombardent les positions françaises de Biltine, Oum-Chalouba et Arada.

Par précaution, les avions français sont alors dispersés. Dans la journée du 5 janvier 1987, douze *Jaguar* de la 11e escadre de chasse sont déployés au Gabon à Libreville alors que les deux *Mirage F.1CR* de reconnaissance de la 33e escadre rejoignent les quatre *Jaguar* de la 3e escadre de chasse à Bangui. Ne restent dans la capitale tchadienne que huit *Mirage F.1C*, un *Bréguet Atlantic* qui sert de PC volant et quelques *C.160 Transall* de transport. C'est alors que l'Élysée donne l'ordre d'effectuer une nouvelle frappe chirurgicale consistant à détruire les radars de la base libyenne de Ouadi-Doum d'où s'envolent les chasseurs bombardiers qui sont à portée de la capitale tchadienne.

La frappe chirurgicale, c'est le boulot des *Jaguar* de l'escadron de chasse 3/3 Ardennes. La veille de l'intervention, les quatre pilotes qui ont été désignés se penchent sur les cartes, étudient les performances des radars qu'ils doivent neutraliser et celles des avions susceptibles de les intercepter.

Le 6 janvier 1987, trois heures du matin, l'Oubangui et Bangui sont noyés dans le brouillard. La visibilité est d'à peine cent mètres. La thermomètre affiche déjà 27 °C. Stress des pilotes qui s'installent dans les cockpits. En définitive, ils ne sont que trois à décoller de l'aérodrome de Bangui dans la purée de pois. Il est quatre heures trente. Plus tard, ils retrouvent dans le ciel la citerne volante *C-135F* et biberonnent goulûment du kérosène. Le jour est levé, les paysages qui défilent sont superbes.

Les trois biréacteurs franchissent le 16° parallèle et volent à présent au-dessus du territoire libyen. En définitive, la mission échouera, les *Jaguar* rentreront bredouilles et iront se poser à N'Djamena.

Pour que les missiles *AS-37 Martel* collés sous les ailes détectent le rayonnement des radars et soient attirés vers la source électromagnétique, encore faudrait-il que ceux-ci fonctionnent. Or la base libyenne est muette.

La décision est prise de regrouper tous les avions de combat dans la capitale libyenne.

Quelques heures plus tard, l'état-major conçoit alors un stratagème pour forcer les Libyens à faire fonctionner les radars. Il décide de lancer par l'ouest une patrouille offensive de *Mirage F.1CR* de reconnaissance que le radar avancé de Faya-Largeau, véritable sonnette d'alarme de Ouadi-Doum, détectera à coup sûr. Le but recherché sera atteint. Dans le même temps, les *Jaguar* fonceront sur la nouvelle base libyenne dont la défense a été considérablement renforcée depuis plusieurs mois.

La piste a été refaite après le premier raid de 1986 et d'importants moyens de défense aérienne – cinq sites de missiles sol-air *SA 6* équipés de radars d'acquisition *Spoon rest* et huit postes de canons quadritubes à guidage radar *ZSU-23/4* de 23 mm – ont été déployés.

L'état-major français apprend d'autre part que les terrains d'Aozou – 400 kilomètres au nord-ouest – et de Maatan-Sahra – 350 kilomètre au nord- débordent d'activité.

Dans les hangars, la tension monte, on évoque la mission avortée du matin, les pilotes écoutent la radio qui annonce que les guerriers d'élite d'Hissène Habré, les Gorane, montés sur *AML-60* et des *Toyota* armés de mitrailleuses 12,7, ont attaqué les chars *T-55* et mis en déroute les troupes de Oueddei..

Non sans pertes importantes et ce sont les équipages du transport aérien français qui récupèrent les blessés.

18 h 45, la réunion destinée à la mise au point du raid qui aura lieu le lendemain 7 janvier se termine. Les équipages ont été désignés. L'un d'eux, pilote d'un *Mirage F.1CR*, est le commandant Yvon Goutx. Il est le chef du détachement de la 33e escadre. Aujourd'hui colonel affecté à l'état-major des armées, il raconte :

« A neuf heures, notre PC volant le *Bréguet Atlantic* a décollé en direction de la fameuse *ligne rouge* avec pour mission d'écouter le radar libyen de Ouadi-Doum qui fonctionne par intermittence. A son bord, on juge alors que le moment est venu de lancer l'attaque ».

« A N'Djamena, les pilotes ont enfilé leurs pantalons anti-G et mis leurs holsters. Le top de départ pour nos deux *Mirage F.1CR* qui vont faire diversion est donné à onze heures. Il fait déjà très chaud, de l'ordre de 35 °C. Les quatre ravitailleurs en vol ont déjà décollé de Libreville et de Bangui en direction des points de rendez-vous. Ceux-ci ont été prévus à Ati pour les deux *Mirage*, à l'ouest d'Abéché pour les quatre *Jaguar* armés de missiles *Martel* et en route pour les huit *Mirage F.1C-200* dont la mission est de protéger l'Atlantic et les ravitailleurs en vol ».

« A midi, nous étions en vue de notre *C-135F* mais les derniers litres de carburant ont été difficiles à ingurgiter en raison de la traînée importante des appareils. Ensuite, nous sommes descendus par paliers au cap nord afin de passer sous la couverture radar de Faya-Largeau ».

« Pendant ce temps, les quatre *Jaguar* armés de missiles *Martel* qui ont fait également le plein de carburant se sont séparés en deux groupes espacés de deux minutes et ont commencé leur descente au cap d'attaque ».

A bord du *Breguet*, le chef de mission suit sur une carte la progression des avions de reconnaissance et des chasseurs bombardiers. Les deux pilotes de *Mirage* viennent d'atteindre le point de virage au nord-ouest de Faya-Largeau, leur altitude de vol est de cent mètres, leur vitesse de 850 km/h.

« A 12 h 51 très exactement », poursuit le colonel Goutx, « nous avons viré à 90° par la droite et grimpé à 2 000 mètres. Comme prévu dans la mission, nous avons été accrochés par les radars de Faya-Largeau et l'alerte a aussitôt été donnée à Ouadi-Doum ».

De fait, les spécialistes des écoutes qui sont à bord

du *Bréguet Atlantic* se régalent, le radar *Flat Face* de Ouadi-Doum s'est mis en émission continue. Entre cette base et celle de Faya, les fréquences radio sont en ébullition. Pendant ce temps, les *Jaguar* approchent de l'objectif à basse altitude, 60 mètres, et à la vitesse de 950 km/h. Les missiles sont activés et les aiguilles balaient la plage des cadrans en quête d'un émission radar.

Soudain, l'autodirecteur d'un chasseur bombardier qui n'est plus qu'à 35 nautiques de l'objectif émet un signal strident. Un témoin vert confirme le domaine de tir et après une fraction de seconde qui paraît interminable au pilote, le missile quitte sa poutre avec un bruit sourd.

L'avion est subitement allégé et le pilote voit apparaître le *Martel* accroché à sa fusée d'accélération sous le nez de son *Jaguar.* Virage sur l'aile puis l'appareil dégage vers le sud de toute la puissance de ses deux moteurs. Il est tout juste 13 heures.

« A bord de nos *Mirage*, nous avons alors plongé à une attitude de 50 mètres pour disparaître des scopes de Faya Largeau et de Ouadi-Doum », dit le colonel Goutx. « Ensuite, nous avons foncé vers le sud-ouest dès que nous avons entendu dans nos casques le mot de code signalant le tir du missile. Encore fallait-il se méfier des systèmes de défense de Faya-Largeau car la *ligne rouge* était encore loin. Il y a eu une alerte, une conduite de tir d'armement sol-air a accroché les *Mirage.* Alors nous avons poussé sur le manche pour descendre à 40 mètres et c'est à plus de 1 000 km/h que nous avons contourné les cheminées de fée (sorte de stalagmites érodés par le vent surmontés d'un bloc de pierre) comme le ferait une moto sur un parcours d'obstacles. Nous avons maintenu cette altitude et cette vitesse pendant encore 200 kilomètres ».

Les avions repassent la fameuse *ligne rouge* et vient le moment d'un nouveau ravitaillement en vol. Il était temps. Dans les cockpits la tension est tombée, les *Mirage* grimpent à 5 000 mètres. La citerne est là, devant eux. Un pilote manque son premier contact avec la perche, l'enquillage s'est révélé trop brutal car l'avion est beaucoup plus léger. La seconde tentative est la bonne et le pétrole se déverse dans le réservoir.

Droit devant eux, c'est la route de N'Djamena qu'ils empruntent là-haut, à dix mille mètres. Lorsque les deux *Mirage* se présentent en finale près de trois heures après le décollage de la matinée, les *Jaguar* viennent tout juste de se poser. La piste est dégagée. La mission a été parfaitement réussie. Ce n'est qu'un peu plus tard que les deux pilotes des *F.1CR* apprendront qu'ils ont été poursuivis en vain par un *Mig* libyen sur une distance de cent kilomètres.

UN PEELING À L'ESSENCE D'AVION...

Tous ses copains constructeurs amateurs d'avions l'appellent Mag'. Mag' est connu comme le loup blanc parmi le millier de passionnés qui, en France, travaillent, ont travaillé, ou se préparent à travailler à la réalisation du rêve qui les hante : réaliser eux-mêmes l'avion sur lequel ils voleront ensuite. Lui, en plus, a vécu une expérience qu'il ne souhaite à personne : voir se disloquer autour de lui, alors qu'il se trouvait aux commandes, voir partir en morceaux le fruit de son travail, dont il ne reste aujourd'hui que des débris. Plus un moteur, pratiquement intact. Et dont il compte bien se servir à nouveau...

Cela s'est passé le 1er mai 1998, à proximité de l'aérodrome de Candillargues, sur les bords de l'étang de l'Or, dans l'Hérault. Candillargues est situé non loin de l'aéroport international de Montpellier-Fréjorgues, dont la partie sud de la piste principale baigne quasiment dans l'eau de ce même étang. A Fréjorgues, la piste secondaire, parallèle à la principale, mais beaucoup moins longue, est réservée exclusivement aux avions légers. Elle est utilisée par les appareils du centre de formation des pilotes de ligne, par ceux d'une école de pilotes professionnels, ou des aéro-clubs, ou des constructeurs amateurs, nombreux à Montpellier.

Mais sur le grand aéroport, les avions de ce type sont soumis à des contraintes de contrôle aérien imposées par le voisinage avec les avions de ligne qui s'y posent et en décollent. Or, ce jour-là, Mag' et trois autres pilotes, constructeurs amateurs comme lui, avaient projeté de faire voler des amis à bord de leurs différents appareils.

Quatre appareils, trois biplaces et un triplace, qui présentaient des caractéristiques communes. Dont, entre autres, celle de posséder ce que l'on appelle un empennage canard. Sur un avion, l'empennage, qui contribue à la stabilité longitudinale et permet de monter et de descendre, par braquage d'une gouverne, est normalement situé à l'arrière du fuselage. L'empennage canard, lui, est placé à l'avant. Pour simplifier, disons que la solution permet de gagner sur les performances et le confort de pilotage.

Autre caractéristique, les avions de Mag' et de ses

amis, réalisés d'après les plans dessinés par des ingénieurs d'outre Atlantique, étaient tous fabriqués en composite, au lieu du métal, ou du bois et de la toile, comme sur d'autres modèles. Des plaques de mousse expansée, stratifiées entre des couches de tissu, permettent de réaliser ailes, dérives et fuselage. Avantage du composite : il ne vieillit pas, ne fatigue pas, c'est-à-dire qu'il est insensible à la corrosion, à l'humidité, aux effets des efforts que subit la structure en vol. Mais le séchage des résines qui servent à obtenir le stratifié impose des conditions de température et d'hygrométrie particulières. Ce n'est donc pas un hasard si les amateurs du composite pour les avions sont plus nombreux dans le Midi de la France (dont Montpellier), qu'aux autres coins de l'Hexagone.

Dernier avantage, le composite permet d'obtenir des surfaces absolument lisses. Avec un fuselage étroit, que l'on pourrait même qualifier de svelte, une aile fine, racée, polie comme un miroir, les performances s'en trouvent du coup encore améliorées. Propulsé par un simple moteur de 100 CV, placé à l'arrière de l'avion, (moteur, il est vrai, doté de pistons haute compression, amélioration décidée par le constructeur lui-même), l'avion de Mag' a pu être ainsi chronométré un jour par les radars du contrôle aérien à la vitesse de 180 nœuds en croisière.

Soit plus de 330 km/h. Un vrai bolide de l'air. Un racer. Équipé d'un moteur de même puissance, un avion classique ne dépasserait sûrement pas les 200 km/h.

Ce 1er mai 1998, l'avion de Mag', un biplace en tandem, les deux occupants étant placés l'un derrière l'autre, était en effet un *VariEze*. Nom bizarroïde, mais bien américain, obtenu en contractant les mots anglais very easy, très facile. Tout un programme, à la fois quant à la simplicité de la fabrication et à l'aisance du pilotage.

Le *VariEze* a été conçu, voulu ainsi par Burt Rutan, à l'intention des constructeurs amateurs débutants, le même Rutan qui a dessiné et réalisé le *Voyager*, avion fameux pour avoir bouclé le tour du monde sans escale et sans ravitaillement en vol. Et Mag' voulait faire découvrir à son passager néophyte les qualités assez époustouflantes de l'avion qu'il avait construit de ses mains, en y consacrant des milliers et des milliers d'heures de son temps d'ancien fonctionnaire du Trésor Public à la retraite.

L'aérodrome de Candillargues est idéal pour cela, avec, vers le sud, le bord de mer que surplombent les immeubles biscornus de la Grande Motte, et plus à l'est, les collines de sel des marais salants, dont la teinte varie du blanc cassé au vermillon, en fonction de l'orientation des rayons du soleil qui les éclairent. Seuls des avions légers et des ULM (Ultra-Légers Motorisés), ou parfois des appareils de lutte anti-incendie l'utilisent.

Les 900 m de bande bitumée leur suffisent amplement. Pas de tour de contrôle, à Candillargues. Les pilotes se contentent d'annoncer sur la fréquence radio dite d'auto-information la manœuvre qu'ils ont l'intention d'exécuter, afin que leurs confrères et collègues en pilotage sachent ce qu'il en est. C'est le règne d'une certaine liberté. D'une aviation qui se croit et se veut encore libre.

Voilà donc Mag' qui s'apprête à décoller. Pour cela, il doit gagner la piste orientée au nord-ouest, la piste 33 (orientée sensiblement au cap magnétique 330), face au vent. Il quitte l'aire de stationnement, le parking, situé à l'extrémité de cette piste 33, annonce à la radio qu'il va la remonter, pour aller s'y aligner, après avoir effectué son point fixe de vérification, moteur, équipements, etc. Ce qu'il fait.

Il décolle, commence à monter, avec l'intention d'aller montrer à son passager les environs de Candillargues. Et soudain, c'est la panne. Le moteur vient de s'arrêter d'un coup. Dieu merci, le *VariEze* est un avion qui plane bien. Un avion fin, disent les techniciens, c'est-à-dire qu'il peut parcourir de bonnes distances, en fonction de la hauteur à laquelle il se trouve. Mag' le sait.

Il connaît son avion sur le bout des doigts. Un peu comme une mère l'enfant qu'elle a mis au monde. « Emergency !... Emergency !... », lance-t-il à la radio. « Je vais me poser à contre-piste... ».

Il a en effet l'intention de faire demi-tour, et décidé de regagner Candillargues, même s'il doit atterrir dans le sens opposé à celui du décollage, avec vent dans le dos, donc. Conditions qui ne sont pas des plus favorables. Mais nécessité fait loi.

A ce moment-là, il se trouve à deux kilomètres de l'extrémité de la piste orientée au nord-ouest, à laquelle il tourne le dos. Mais il n'est qu'à 700 pieds (un peu plus de 200 m) de hauteur seulement. Hauteur maximum imposée par la réglementation, afin que les avions qui volent autour de Candillargues n'interfèrent pas avec les appareils commerciaux qui en font autant dans le circuit de piste de Montpellier-Fréjorgues tout proche. Des circonstances qui expliquent pour beaucoup ce qui se passera ensuite. S'il avait poursuivi normalement sa montée, sans restriction réglementaire, Magallon a calculé qu'il se serait alors trouvé à 1 500 pieds (450 m) de hauteur. Avec un avion aussi fin que le *VariEze*, l'atterrissage sans moteur sur Candillargues n'aurait posé aucune problème.

Au lieu de quoi…

Mag' se rend très vite compte que même à la meilleure vitesse de plané, 120 km/h, celle qui permet de parcourir la plus longue distance, ce sera juste pour rejoindre la piste. Très juste. Tellement juste que…

Un verger se trouve dans l'axe de la piste vers laquelle se dirige l'avion. Un verger de pommiers plantés en longues rangées parallèles, branches écartelées accrochées à des fils métalliques, eux-mêmes tendus entre des piquets de bois. Un véritable buisson d'épines, pour le *VariEze*. Celui-ci frôle les branches les plus hautes, glisse au-dessus des poteaux. Puis le train d'atterrissage accroche un fil tendu entre les arbres.

Et c'est la catastrophe.

Patrick Lefèvre, à bord d'un autre *VariEze*, ne perd rien de la scène. Il s'apprêtait lui-même à atterrir sur la piste 33 lorsqu'il a attendu le message de détresse de Mag'. Il a aussitôt remis les gaz pour lui laisser le champ libre. Et survole les pommiers au moment où le *VariEze*, à moins de deux cents mètres de la piste, commence à toucher le haut des arbres. « Sur sa lancée, avec sa vitesse, il a d'abord scalpé les plus grands », raconte-t-il. « Comme s'il voulait y tracer son chemin.

Puis je l'ai vu basculer, cul par-dessus tête, et il a commencé à se disloquer. Impressionnant.

Les morceaux de l'avion giclaient, partaient dans toutes les directions, parfois coupés comme au rasoir par les câbles tendus à l'horizontale. Je pensais aux deux gars qui étaient à bord, à Mag' et à son passager. J'ai appelé à la radio, pour avertir les gens qui se trouvaient au sol, afin qu'ils se précipitent au secours des accidentés. Car, de l'aérodrome, apparemment, personne ne s'était rendu compte de rien. Tout s'était passé trop vite. L'avion, ou du moins ce qu'il en restait, se trouvait sur le dos, entre les branches, dissimulé à la vue... ».

Sur cet aérodrome, une femme, qui fait partie du groupe des constructeurs amateurs, Jeanne, a pourtant entendu l'appel de Patrick Lefèvre. Elle saute dans sa voiture, et fonce vers l'endroit que ce dernier lui a indiqué.

Là où les deux hommes du *VariEze*, la tête en bas, retenus par les sangles de l'avion, commencent à trouver leur position particulièrement inconfortable.

La verrière a volé en éclats. De l'essence coule du réservoir, le long du corps de Magallon, imprègne ses vêtements, dégouline sur son visage et son crâne, et goutte vers le sol. Il suffirait d'une étincelle… C'est la première pensée qui vient à l'esprit. La seule. Suivie d'une idée-réflexe : se sortir de là, et vite. Plus facile à dire qu'à faire, cependant.

Les deux hommes sont coincés dans l'enchevêtrement des débris et des arbres, la tête au ras du sol. Impossible pour eux de s'extraire de leur cage de bois et de composite.

Il leur faudra pour cela l'aide de Jeanne, qui arrive sur les lieux, comprend de quoi il retourne, et sans se poser d'autres questions, soulève le moignon d'une aile pour dégager de l'espace sous l'épave du *VariEze*. Mag' et son passager se dégagent enfin. « J'étais furieux », se souvient Magallon. « Pas que mon avion soit en mille morceaux. Non. Pas à ce moment-là. Mais une de mes chaussures était restée coincée dans l'avion. Et je détestais la sensation d'humidité de la terre du verger sur mon pied, recouvert seulement d'une chaussette. J'étais furieux, oui. Mais je crois aussi que je peux dire merci à Burt Tutan, le concepteur du *VariEze*. Sans lui, je ne serais pas là pour me souvenir de ce 1er mai 1998… Cela étant, je puis dire que l'essence d'avion est un excellent produit pour pratiquer un peeling du visage. Regardez l'éclat de ma peau !… », ajoute-t-il, goguenard, caressant de la main ses joues et son front, sur lesquels l'essence du *VariEze* a dégouliné durant de longues, très longues minutes, abrasant les petits défauts dus à l'âge.

De l'illustration des bienfaits d'un événement qui aurait pu se transformer en catastrophe…

Aujourd'hui, Mag' s'est remis à l'ouvrage. Il a repris ses plans, ses plaques de mousse expansée, ses rouleaux de tissu imprégné de résine. Pour construire un autre *VariEze*, l'avion de sa vie, à raison de six à douze heures de travail par jour. Sur lequel il montera le moteur de son prédécesseur, récupéré quasi intact. A la question : « Pourquoi ?... », il répond simplement : « J'ai eu soixante-et-onze ans le 24 octobre 1998. Pourquoi m'arrêterais-je ?... ».

Peeling : acte de médecine esthétique, qui consiste à utiliser une solution acide pour abraser les défauts du derme, et redonner à la peau son éclat initial.

LES COMMANDES NE RÉPONDENT PLUS !

Les pilotes américains utilisent une expression imagée pour décrire ces jours bénis où les conditions météorologiques, les circonstances, une certaine ambiance, aussi, que l'on ne sait trop à quoi attribuer, se conjuguent pour faire du vol à bord d'un avion commercial un pur plaisir, à la fois professionnel et esthétique. Ils disent que c'est carrément un scandale d'être payé pour exercer un métier pareil : piloter. Les trois membres d'équipage du triréacteur *McDonnell Douglas DC-10* de la compagnie américaine United Airlines qui effectuait la liaison Denver (Colorado)-Philadelphie (Pennsylvanie), via Chicago (Illinois), en ce 19 juillet 1989, auraient pu reprendre l'expression à leur compte. Depuis le commandant de bord, Alfred Haynes, cinquante-sept ans et qui totalisait 30 000 heures de vol comme pilote, jusqu'au mécanicien navigant, Dudley Dvorak, soixante-et-un ans, avec ses 15 000 heures de vol, en passant par le copilote, William Records, quarante-huit ans, fort de ses 20 000 heures de vol. Tous trois étaient en droit de penser que par un temps pareil, ciel clair, visibilité quasi illimitée, avion en parfait état, le vol du jour entre Denver et Philadelphie serait un vol sans histoire. De la pure routine. Comme d'habitude.

Jusqu'au moment où les trois hommes se trouvèrent brutalement ramenés à la terrible réalité de la panne imprévisible et imprévue, contraints de faire face à une situation qu'ils n'auraient jamais osé imaginer, obligés, pour tenter de sauver leur avion, leur vie, celle de leurs 285 passagers, celle des 8 membres de l'équipage commercial, hôtesses et stewards, d'improviser, d'inventer des manœuvres qui ne figuraient dans aucun manuel de vol du *DC-10* ou de n'importe quel autre avion de cette catégorie.

Forcés de jouer avec ce qui leur restait de marge pour contrôler leur appareil en perdition. C'est-à-dire pas grand chose.

Une heure après le décollage de Denver, en ce début d'après-midi du mercredi 19 juillet 1989, le *DC-10* se trouvait en croisière, cap au nord-est, à une altitude de 37 000 pieds (11 000 mètres), quelque part au-dessus des champs de blé du nord-ouest de l'Iowa. Les passagers venaient de terminer leur repas, étouffant un bâillement, jetant des coups d'œil distraits à travers les hublots en direction du sol, à demi dissimulé par le moutonnement des petits cumulus de beau temps qui s'étendaient à perte de vue. La plupart se préparaient à regarder un film. Quelques-uns, déjà, s'abandonnaient au sommeil, comme les quatre très jeunes enfants qui figuraient sur la liste des passagers, et se tenaient blottis sur les genoux de leurs parents.

Dans le poste de pilotage, les deux pilotes se contentaient de surveiller que l'avion suivait bien la route prescrite, échangeant parfois de brefs messages avec les organismes de contrôle de la circulation aérienne. Dudley Dvorak, le mécanicien navigant, jetait de temps à autre un coup d'œil sur les alignements de cadrans du panneau qu'il avait devant lui, témoins de la bonne marche des différents systèmes de l'avion. Quand soudain...

Le *DC-10* venait d'entamer un virage par la droite, pour aller prendre le cap 095°, donc plein Est, cap qui le maintiendrait sur la tracé de la voie aérienne qu'il était censé suivre. Il l'avait presque atteint lorsque les trois hommes entendront une détonation assourdie qui semblait provenir de l'arrière de l'appareil.

Celui-ci fut comme parcouru d'un frisson, d'une secousse, assez forte cependant pour que dans la cabine, hôtesses et stewards en train de desservir le repas, debout dans les allées, perdent parfois l'équilibre.

Femme d'expérience, la chef de cabine, Janice Brown, demanda aussitôt que chacun veuille bien attacher sa ceinture de sécurité, comme on le fait en cas de traversée d'une zone de turbulence.

Dans le poste de pilotage, l'équipage de conduite, lui, avait tout de suite compris qu'il ne s'agissait pas de turbulence, mais de quelque chose de beaucoup plus grave. Sur le panneau de contrôle des instruments, toutes les indications qui se rapportaient au réacteur numéro 2, celui qui, sur le triréacteur *DC-10*, se trouve placé dans la queue, à mi-hauteur de la dérive, toutes ces indications concordaient pour indiquer que le numéro 2 venait de lâcher. Le commandant de bord, Alfred Haynes, demanda aussitôt que l'on exécutât la check-list (succession de consignes et de manœuvres) prévue en de telles circonstances, afin d'isoler le moteur défaillant.

La formation et l'entraînement des équipages d'avions, que ces derniers soient commerciaux ou militaires, comportent de nombreuses séances pour apprendre à faire face à ce genre de situations. Aucun des trois hommes ne se trouvait donc pris au dépourvu. Et l'arrêt d'un des trois moteurs, sur un appareil comme le *DC-10*, n'a rien de dramatique, l'avion étant parfaitement capable de voler avec deux moteurs. Rien d'inquiétant, a priori.

Sauf que, très vite, le mécanicien navigant se rendit compte que les choses se compliquaient singulièrement, lorsqu'il vit, sur le panneau en face de lui, les trois circuits du système hydraulique de l'avion tomber en panne l'un après l'autre.

Or, le système hydraulique, sur les avions modernes, est tout à fait vital. C'est lui qui permet de faire descendre et de faire remonter le train d'atterrissage, de rentrer et sortir ce que l'on appelle les volets et les becs de bord d'attaque, surfaces mobiles placées à l'arrière (volets) et à l'avant (becs) des ailes, afin d'augmenter la surface de celles-ci lorsque l'avion vole lentement. Et qui, surtout, permet d'actionner les gouvernes de vol, ailerons en bout des ailes, profondeur et direction, dans la queue de l'avion, que l'on braque pour commander à ce dernier de descendre, monter, ou virer.

Sur les appareils plus anciens, et encore sur nombre d'avions de petite taille, les ordres du pilote sont transmis directement aux gouvernes par des câbles ou des timoneries. Pas sur des appareils de la taille et de la masse d'un avion de ligne, ou d'un avion de combat. La force musculaire du pilote n'y suffirait pas. L'ordre donné depuis le poste de pilotage actionne donc un vérin hydraulique, une *servo-commande*, qui agit elle-même sur la gouverne et provoque son braquage. D'où l'importance vitale du système hydraulique.

Celui-ci est alimenté, mis en pression, par des pompes, entraînées par chacun des réacteurs. Avec en supplément des pompes électriques. De plus, les tuyauteries qui acheminent le liquide hydraulique sous pression vers les servo-commandes sont doublées, voire triplées, et nettement séparées les unes des autres, de manière à se prémunir contre une explosion, ou tout autre avarie qui pourrait les endommager.

Seul point de convergence : les servo-commandes elles-mêmes, au niveau des gouvernes. Sur un *DC-10*, par exemple : la queue de l'avion. Où se trouve également un réacteur, le numéro 2. Celui qui venait de tomber en panne. Plus exactement, d'exploser, projetant des morceaux de métal dans toutes les directions (on en retrouverait au sol, plus tard, lors de l'enquête). De transpercer la partie droite de la gouverne de profondeur.

Et de sectionner les tuyauteries d'alimentation, comme on s'en rendrait compte par la suite. Les trois circuits hydrauliques s'étaient vidés de leur liquide en quelques secondes. Le *DC-10* ne pouvait tout simplement plus être piloté.

Le commandant de bord brancha le système d'appel intérieur et fit une annonce à l'intention des passagers, leur indiquant que le réacteur numéro 2 était hors service, et « qu'ils arriveraient sans doute en retard à Chicago ».

Délicieux euphémisme, destiné à rassurer les passagers, vissés sur leurs sièges, à maintenir le calme à bord, pendant que lui et ses deux collègues se débattaient avec leur problème : comment contrôler un avion que l'on ne peut plus piloter ?

Ou plus exactement : pendant que lui et ses trois collègues tentaient de trouver une réponse à cette question cruciale. Coup de chance, en effet : un pilote de la compagnie, Dennis Fitch, un commandant de bord, lui aussi, figurait parmi les passagers de l'avion.

Il avait appelé la chef de cabine, et proposé ses services, s'il pouvait être de quelque utilité. « OK, avait répondu Haynes, qu'il vienne... ». Agé de quarante-six ans, il totalisait 23 000 heures de vol, dont près de 3 000 sur *DC-10*. C'est dire qu'il connaissait la machine.

« Plus de commandes... », lui indiqua tout de go Haynes, lorsque Fitch entra dans le poste de pilotage. « Pourrais-tu te rendre à l'arrière et voir si tu peux faire une estimation des dégâts apparents ?... » Fitch acquiesça, et se dirigea vers l'arrière de l'avion. « Tout le liquide est parti ? » demanda Haynes à son mécanicien navigant. « Affirmatif », répondit ce dernier. « Tu as pu contacter le centre de maintenance de Chicago pour demander leur assistance ?... » demanda encore Haynes. « Affirmatif », répondit à nouveau Dvorak, le mécanicien navigant. « Mais, pour l'instant, j'attends toujours la réponse... ».

Et pour cause. Le cas se révélait tellement inhabituel, tellement inattendu, que les spécialistes au sol devaient y perdre leur latin, si tant est qu'ils aient étudié la langue de Cicéron. Comment piloter un avion que l'on ne peut plus piloter ? « Les gars, on aura du mal à *faire la piste* (à se poser)... », conclut sobrement Haynes.

Revenu dans le poste de pilotage, le commandant Fitch fit un bref compte-rendu de ses observations. Apparemment, les ailerons et les autres gouvernes placées sur les ailes ne paraissaient pas avoir subi de dommages. C'est à peu près tout ce que l'on pouvait en dire.

Haynes demanda alors à Fitch de se placer devant le bloc-manettes, situé entre les deux pilotes dans un poste de pilotage, et qui rassemble les commandes des réacteurs, comme celles des volets ou des becs de bord d'attaque. Agenouillé au pied de ce bloc-manettes, une main sur chaque manette des gaz, les yeux rivés sur les indicateurs qui fournissent le pourcentage de la puissance délivrée par chaque réacteur, Fitch allait pouvoir agir sur les commandes de chacun d'eux, l'un sous l'aile droite, l'autre sous l'aile gauche, puisque c'était la seule possibilité qui s'offrait à l'équipage du *DC-10* en détresse.

En augmentant simultanément la puissance sur les deux moteurs, on sollicitait l'avion à cabrer. En la diminuant de même manière, on pouvait l'inciter à perdre de l'altitude. Tous les pilotes d'avions, même ceux qui se contentent de pratiquer le pilotage sur avions légers, tous savent cela : augmentation de puissance = montée ; diminution de puissance = descente. Et en ajustant la puissance de manière différentielle, en l'augmentant par exemple à droite, on pouvait provoquer un changement de direction vers la gauche. Et inversement. Du moins en théorie.

Car pour la mise en pratique de ces beaux principes de base, aucun des quatre hommes présents dans le poste de pilotage du *DC-10*, en ce 19 juillet 1989, ne se faisait d'illusions : ce serait une tout autre paire de manches, pour reprendre une expression familière. Mais puisqu'il ne leur restait que cette solution-là, ils allaient tenter le coup.

Ils se rendirent très vite compte qu'il y avait loin, un abîme, de la théorie à la pratique. Qu'il leur était impossible, notamment, Haynes commandant la manœuvre, et Fitch exécutant les ordres, de stabiliser l'avion. Le *DC-10* piquait du nez ou se cabrait, s'inclinait à droite ou à gauche, sans jamais voler droit, ailes horizontales, à altitude constante.

Le grand oiseau blessé déambulait dans le ciel comme s'il avait perdu la boule, suivant une route sinueuse entrecoupée de virages qui l'amenait petit à petit vers l'aéroport de Sioux City, dans l'Iowa, puisque c'est sur cet aéroport que le commandant de bord, Alfred Haynes, avait décidé de tenter un atterrissage.

L'endroit n'était pas idéal, Haynes en avait conscience. Les pistes en service étaient relativement courtes, 2 100 mètres pour l'une, 2 700 mètres pour la plus longue. Impossible de se poser sur celle de 2 700 mètres. Tout au contraire, la direction d'où arrivait l'avion, depuis le nord-est, allait contraindre en définitive le commandant de bord à utiliser une troisième piste, orientée sud-ouest, hors service depuis longtemps. Elle mesurait tout juste un peu plus de 2 000 mètres, mais se trouvait sur la trajectoire, sans nécessité d'avoir à effectuer des évolutions compliquées pour la rejoindre.

Les volets d'atterrissage et les becs de bord d'attaque des ailes, qui permettent de voler à une vitesse plus faible, lorsqu'ils sont déployés, étaient inutilisables, puisque le système hydraulique était en panne. La vitesse d'approche et d'atterrissage serait donc élevée.

Le manuel de vol indiquait que sans volets et sans becs de bord d'attaque, elle devait être de 200 nœuds (370 km/h). La distance nécessaire pour freiner l'avion serait donc élevée aussi. Alors que la précision du point d'impact, avec cet avion difficilement contrôlable, laisserait sûrement à désirer. Il suffisait d'entendre les grommellements et les exclamations de rage du commandant Fitch, qui se battait et se débattait avec ses manettes des gaz, et ce p... d'avion qui refusait de voler droit, ne serait-ce qu'une minute, pour s'en convaincre. Rien ne disait que l'équipage réussirait à poser le *DC-10* au début de la piste.

Oui, Sioux City était loin de constituer l'endroit idéal pour tenter pareil exploit. Mais c'était l'aéroport le plus proche, et Haynes savait que la gymnastique à laquelle se livraient les quatre hommes dans le poste de pilotage ne pouvait se prolonger indéfiniment. « Pose-le, et vite ! On est dans de sales draps... », lui avait lancé Fitch. Ce serait donc Sioux City. Haynes avait ensuite donné l'ordre de larguer le plus possible de carburant, afin d'alléger l'avion, ne gardant dans les réservoirs que quelque 15 tonnes de kérosène.

Restait la question de la sortie du train d'atterrissage, qui dépend elle aussi du système hydraulique. Dieu merci, les trains d'atterrissage sont conçus de manière à ce que le propre poids de chaque jambe de train, à gauche, à droite, et dans le nez de l'avion, soit suffisant pour les faire descendre, pour peu que la vitesse de l'avion ne soit pas trop élevée.

La manœuvre fut effectuée alors que l'avion se trouvait à 9 000 pieds (2 700 mètres) d'altitude.

Et les trois jambes du train sortirent, et se verrouillèrent en position basse !

Le *DC-10* était suivi au radar par les contrôleurs de Sioux City. Ces derniers se montraient inquiets, la trajectoire de l'avion leur semblant dangereusement proche de la ville voisine. Ils demandèrent à l'équipage de voler un peu plus vers le sud, en effectuant une altération de cap par la gauche. Ce qui déclencha une réaction exaspérée de Fitch, qui ne parvenait pas à faire virer l'avion à gauche. Au lieu de quoi, il réussit à effectuer un virage complet par la droite, manœuvre pour laquelle l'avion se montrait plus docile, s'éloignant de Sioux City, et prenant l'exacte direction de la piste orientée au sud-ouest.

– *Aéroport à vos 12 heures (face à vous)*… annonce le contrôleur d'approche. A 13 miles (20 km)…

– *OK. On l'a en vue. Et merci pour votre aide...* répond Haynes.

– *Le vent est du nord, pour 11 nœuds, complète l'approche. Vous êtes autorisés à l'atterrissage, sur n'importe quelle piste…*

Que le commandant Fitch, exécutant les ordres donnés par son collègue Haynes, ait réussi à amener le *DC-10* jusqu'au sol relève de l'exploit.

L'exploit a pourtant eu lieu. L'avion, qui volait à vitesse élevée, a touché durement le bitume, l'aile droit s'enfonçant brutalement alors que le gros triréacteur se trouvait à une dizaine de mètres du sol. Il a continué à riper sur la piste pendant près de 1 000 mètres, avant d'en sortir, de se briser et de prendre feu. Sur la totalité des occupants, on dénombra hélas 111 morts. Mais aussi 185 survivants, y compris les quatre hommes qui se trouvaient dans le poste de pilotage…

L'AVION FOU

Orly, le 19 janvier 1975, 16 h 16. Un dimanche d'hiver comme les autres, froid et gris. A l'abri des grandes baies vitrées du premier étage, une foule de curieux est venue assister au décollage des long - courriers et rêver devant le panneau qui affiche des vols pour Bangkok, New York, Téhéran, Rio de Janeiro. Tableau paisible, classique. L'aéroport d'Orly est alors l'un des monuments de France le plus visité.

Soudain, c'est le cauchemar. Trois hommes viennent de lancer des grenades et tirent avec des armes automatiques. Touchés, des promeneurs, des passagers s'écroulent. Dans la salle des pas perdus, c'est la panique, la cohue. Des gens terrorisés se bousculent à la recherche d'une issue, se ruent vers les escaliers roulants pour tenter de fuir, de quitter au plus vite l'horreur. Tous ont compris. Tous ont en mémoire l'attentat commis une semaine auparavant dans le même aéroport qui visait un *Boeing 707* israélien. Les plus avertis se souviennent du massacre atroce de l'aéroport de Lod à Tel Aviv, de l'épilogue tragique des Jeux Olympiques de Munich.

A terre les blessés gémissent. Il y a du sang partout. La confusion est totale, les trois terroristes tentent d'en profiter pour prendre le large. Des C.R.S. qui accourent l'arme au poing les arrêtent dans leur élan.

C'est tout de suite l'impasse. Le commando avise une porte du deuxième étage, c'est celle des toilettes. Il s'y engouffre, entraînant avec brutalité une, deux, trois personnes qui viennent s'ajouter à celles qui se trouvent à l'intérieur. En tout, il y a bientôt dix otages, dont une jeune femme enceinte et une petite fille de quatre ans. Les policiers mettent l'arme au pied et les discussions commencent. Un scénario désormais classique. Après la terreur, c'est l'inquiétude, l'angoisse. Le dénouement n'interviendra que dix-huit heures plus tard lorsqu'un équipage d'Air France aura fait décoller le *Boeing 707* Château de Compiègne" avec à son bord les trois fedayin(1).

Cet équipage était composé de Jean Vignau, Robert Durin, Marcel Gauthier. Trois volontaires. Des

(1) Le Boeing 707 était alors l'avion commercial long-courrier le plus utilisé dans le monde. Mis en service en 1954, il était à l'origine un appareil militaire de ravitaillement en vol destiné à augmenter le rayon d'action des bombardiers stratégiques américains B-47, B-52, B-58, etc. Devenu un avion de transport commercial en 1958, il en fut construit plusieurs versions, la distance franchissable étant progressivement accrue au fur et à mesure de l'augmentation de la puissance des moteurs. Ce quadriréacteur pouvait emporter 140 passagers.

pères tranquilles qui se souviendront toute leur existence.

« Dans l'après-midi du dimanche », nous a raconté Jean Vignau, « j'ai reçu un coup de téléphone du directeur général adjoint de la compagnie, chargé des opérations aériennes. Il me confirmait que quelques heures auparavant, il y avait eu un attentat sur une terrasse d'Orly-sud et que le commando palestinien, assiégé par les policiers, s'était réfugié dans les toilettes du deuxième étage. Il ajoutait que la négociation en vue de libérer les dix otages était engagée ».

« Au cours de la conversation, j'ai compris que les policiers étaient au courant des intentions du commando. Des micros ultra-sensibles, installés dans le plafond, et un ingénieux système de prismes permettaient d'entendre les conversations et de voir ce qui se passait dans le local ».

Vignau monte alors la garde devant son téléphone et en fin d'après-midi, un responsable d'Air France l'appelle à nouveau. Les fedayin, dit-il, vont vraisemblablement demander qu'un *Boeing 707* d'Air France soit mis à leur disposition. Pour quelle destination ? On l'ignore. A 23 heures, nouvel appel. C'est la confirmation. L'appareil doit être fin prêt aux premières heures de la matinée. Il revient au commandant Vignau, responsable depuis plusieurs années de la division *Boeing 707* à Air France, de constituer l'équipage. Vignau n'hésite pas. Il se plaçe en tête de liste puis il forme le numéro du commandant Robert Durin, son adjoint à la division. La conversation est brève, le pilote accepte sur-le-champ. Quelques instants plus tard, Marcel Gauthier, officier mécanicien navigant, instructeur, se porte également volontaire.

L'équipage une fois formé, Jean Vignau se rend sans plus attendre à Orly et gagne aussitôt le *quart opération* qui a pour mission de *dispatcher* les avions de la compagnie[1]. Au *quart*, on sait à tout moment où se trouvent les appareils, ce qu'ils font, d'où ils viennent, où ils vont. Une gare de triage en quelque sorte, mais pour géants du ciel. Une fois dans la pièce, Vignau est alors rejoint par deux directeurs adjoints de la compagnie, Casse et Rattier. La situation, lui disent-ils, n'est guère brillante. Entre les terroristes et le directeur de la police nationale, Verger, les échanges sont difficiles, les fedayin se montrant terriblementombrageux et méfiants.

Une longue attente commençe alors dans le *quart opérations* pour l'équipage. Pendant ce temps, là-haut, au deuxième étage de l'aérogare, des otages terrorisés, parqués dans les toilettes, attendent qu'on leur vienne en aide. Seule la petite fille, on le saura plus tard, ne se rendra compte de rien. Toute la nuit elle fabriquera des cocottes en papier.

Minuit, une heure, deux heures du matin...

« A six heures », reprend le commandant Vignau, « Casse m'a précisé par le téléphone intérieur que le dénouement approchait. La direction de la compagnie avait acheminé un *Boeing 707*, le "Château de

(1) C'est au "quart opérations" que les pilotes viennent prendre les documents concernant le vol qu'ils vont effectuer et qui sont préparés par des officiers d'opération. Ils portent sur la consommation, le chargement de l'avion, la météo.

Compiègne" FBHSQ, des hangars de la direction du matériel jusqu'à Orly-sud pour y faire les pleins. Casse ajoute qu'il serait bon, qu'avant le départ, je puisse rencontrer Michel Poniatowski qui avait passé une partie de la nuit à Orly. Le ministre de l'Intérieur était soucieux, il semblait craindre le pire. Il prononce des paroles aimables, "...mission difficile, je suis persuadé que vous la mènerez à bien...". Près de lui se tenait un homme qui avait déjà joué et qui jouera encore un rôle primordial dans la négociation, l'ambassadeur d'Égypte en France, M. El Khadri. Toute la nuit, il servira d'intermédiaire entre les autorités françaises et les terroristes. Plus tard, nous le verrons, il essaiera de nous rendre un immense service ».

A présent, les trois hommes de l'équipage sont seuls. Ils se consultent rapidement avant de prendre leur élan. Comme s'il s'agissait d'une mission de routine, ils se dirigent paisiblement, sacoche de vol à la main, casquette vissée sur la tête, vers la masse de 150 tonnes qui les attend au point de stationnement entre Delta 4 et Delta 5, juste devant les salles d'embarquement et les terrasses. Autour du *Boeing*, c'est le vide ou presque. Les responsables de l'aéroport ont fait dégager le tarmac[1] et il ne reste plus sur l'immense parking que le "Château de Compiègne". Accrochés à ses flancs, les camions citernes transfusent le précieux kérosène.

Vignau relève alors un incident qui le préoccupe et il ne s'est jamais expliqué le mystère. Contrairement

(1) Tarmac : parking.

aux ordres qu'il avait donnés, les pleins de carburant sont loin d'être faits et l'opération se déroule trop lentement à son gré. Les jauges n'accusent que 44, 45 tonnes alors que le *Boeing 707* peut emporter 63 tonnes de pétrole. Vignau est contrarié. Dans une équipée de ce genre, mieux vaut disposer de la plus grande autonomie possible. Mais le commandant de bord n'a guère le temps d'interroger le responsable de piste. De la terrasse, des hommes, des policiers lui font alors des grands signes.

« On voulait me parler », poursuit Jean Vignau. « Je me suis rendu dare-dare au P.C. où les responsables de la compagnie m'ont mis au courant de l'évolution de la situation: “Écoutez, on sait maintenant que ça presse (il était à ce moment 9 h 30). Les terroristes viennent d'annoncer qu'ils exécuteront un otage toutes des dix minutes à partir de 10 heures s'ils ne sont pas à bord de l'avion”».

Il n'y a plus de temps à perdre. Craignant que le commando ne mette sa menace à exécution, Vignau retourne rapidement vers le “Château de Compiègne”. Quarante-six tonnes de kérosène, estime-t-il, lui permettront tout de même d'atteindre le Proche-Orient. Les hommes de piste arrachent précipitamment les tuyaux et les citernes s'éloignent. A Orly, c'est désormais le silence. Un silence pesant. C'est alors qu'un inspecteur de police s'approche de lui.

« Il venait me demander quelle piste je comptais emprunter pour le décollage, raconte le chef de l'équipage. Ce matin-là, le vent était d'ouest et j'avais le choix entre les pistes 25 et 26. Je lui ai répondu que j'emprunterai la 25, celle qui était en service. Mais j'ai compris que mon choix le chagrinait beaucoup. Je lui ai demandé pourquoi. “Il est peut-être préférable, m'a-t-il répondu, que vous décolliez sur la 26 car si vous prenez la 25, vous allez passer devant les installations d'Air Inter, devant les avions qui ont été ramenés là, et si jamais il vous arrivait quelque chose...”. Il n'a pas achevé sa phrase mais je l'ai terminée pour lui. J'avais bien compris que si l'avion explosait ou prenait feu, s'il y avait un échange d'armes automatiques entre les terroristes et les tireurs d'élite qui étaient juchés sur les toits d'Orly, il y aurait du vilain. Ils préféraient que je me dirige vers la 26, à la *campagne* comme on dit. J'ai accepté ».

« Durin, Gauthier et moi-même nous nous sommes installés dans le cockpit pour égrener la check-list(1). A un moment donné, j'ai fait le signal convenu – un appel de phares – pour indiquer que nous étions prêts à recevoir nos *passagers*.

Il est alors 9 h 40. Quelques minutes plus tard, Vignau aperçoit de sa place la procession des fedayin et des otages qui est sortie de la salle d'embarquement qui située de plain-pied. D'une démarche lente, très lente, ils se dirigent vers l'avion qui est distant d'environ 70 mètres.

« En tête marchait un terroriste. Il avait le visage masqué par un bas. Sous le bras gauche, il portait un

(1) Check-list: liste de vérifications qu'un membre de l'équipage lit pour permettre au commandant de bord d'exécuter les opérations de contrôle des différents équipements et cadrans du poste de pilotage.

pistolet mitrailleur. Dans le poing droit qu'il tenait en l'air, bien haut, une grenade dégoupillée. Ensuite, venait le directeur adjoint d'Air France, puis les huit otages restants (la petite fille et la jeune femme enceinte avaient été libérées) les yeux bandés, poitrine contre poitrine, pas dans pas. Ils seront relâchés en bas de l'échelle. Derrière eux, l'ambassadeur d'Égypte et enfin les deux autres fedayin, l'un marchant à reculons afin de couvrir la petite troupe à l'aide de son pistolet mitrailleur, l'autre virevoltant tout autour, surveillant les policiers qui étaient cachés sur les terrasses ».

« Je les ai perdus de vue mais quelques instants plus tard, je les ai entendus monter à bord. Un membre du commando est venu dans le poste de pilotage et nous a salué militairement. Les deux autres fouillaient l'avion de fond en comble.

– *Tout est prêt, captain?*

« J'ai répondu que tout était prêt. A ce moment, j'ai compris qu'ils fermaient eux-mêmes la porte arrière. Parce que l'embarquement s'était fait par l'arrière. Je m'étais dit, en effet, que si les choses tournaient mal au moment de leur montée dans l'appareil, si on se mettait à tirer des terrasses, on serait fait comme des rats. Aussi, j'avais laissé la porte passagers avant ouverte pour assurer notre retraite éventuelle. Ils ont donc fermé eux-mêmes les deux portes ce qui m'a fait penser, je l'ai vérifié par la suite à plusieurs reprises, qu'ils connaissaient parfaitement le *Boeing 707*. Puis, celui qui paraissait être le chef de la bande m'a dit : "Partir". Oui, mais pour où ? Car pour qu'un avion de ligne puisse partir comme il disait, il fallait déposer un plan de vol, avoir une altitude, un cheminement de sortie.

– Partir, d'accord, mais dans quelle direction? Nord, Sud-Est, Ouest ?

– Partir.

« Il n'y avait pas moyen de discuter. J'ai ordonné de mettre les moteurs en route. Le contrôle aérien s'est bien entendu abstenu de nous demander des explications et j'ai choisi de quitter Orly par le sud-est, pensant bien que notre randonnée allait se terminer quelque part au Proche-Orient. Je m'adressai à la tour et demandai une sortie par Autun qui me fut aussitôt accordée. Suivant les recommandations qui m'avaient été faites par l'inspecteur de police, j'empruntai la piste 26 et bientôt, nous étions en l'air ».

« Il était 9 h 52. Montée classique puis le chef du commando m'a enjoint de prendre le cap vers l'Italie du Sud. Nos échanges, pendant les vingt heures qui allaient suivre, se sont déroulés soit en anglais, soit en français, soit en italien. Parfois en arabe car mon camarade Robert Durin avait été élevé en Tunisie mais ils avaient tout de même du mal à se comprendre ».

« A la fin de la montée, le chef est venu me dire qu'un de ses acolytes était blessé, qu'il était malade, qu'il fallait absolument le soigner. Il m'a demandé si je pouvais aller le voir. L'homme avait été touché au moment de l'attentat. J'ai cru comprendre qu'il avait été atteint à l'avant-bras droit par des éclats de grenade en la dégoupillant maladroitement. La blessure qui remontait à douze heures était assez vilaine. Le pansement qu'il s'était fait lui-même était insuffisant. J'ai ouvert la trousse réglementaire que nous avons à bord et avec du mercurochrome, j'ai nettoyé la plaie tant bien que mal puis je l'ai recouverte d'un pansement. Enfin, je lui ai donné deux cachets qu'il a pris d'ailleurs sans méfiance. C'était presque un enfant, il devait avoir une vingtaine d'années. Il pleurait de douleur, son teint était très pâle. J'ai pensé qu'avec les cachets il pouvait tenir encore plusieurs heures. En repartant vers mon poste, le deuxième fedayin m'a alors accroché par le bras et m'a demandé dans un français très pur, sans aucun accent: "Comment va-t-il ?"

– Vous parlez très bien notre langue.

– Oui, peut-être, mais je suis un Arabe avant tout. Je défends la cause de la liberté.

– Où avez-vous appris le français ?

– J'ai été élève chez les Maristes à Beyrouth et j'ai fait toutes mes études là-bas.

« Alors, j'ai voulu créer un petit courant entre nous deux et je lui ai dit que, pour ma part, j'avais fait mes humanités chez les Jésuites de Saint-François de Sales à Evreux et que, mon Dieu, on pouvait peut-être s'entendre. De fait, le rappel de quelques souvenirs a détendu l'atmosphère. Nous avons parlé poésie, philosophie, évoqué Baudelaire, Nietzsche, Wagner. C'était un garçon très cultivé, plus que moi peut-être ».

Mais à l'avant, le chef s'impatiente. Vignau regagne

le cockpit et, pour le calmer, lui montre le mont Blanc, puis Rome, le Vésuve. Le temps est superbe. Arrivé au bout de la botte italienne, l'homme lui dit : "Maintenant, on va au Caire."

Au fur et à mesure de sa progression dans l'espace aérien le "Château de Compiègne" est pris en charge successivement par les contrôles de Genève puis de Milan et de Rome. Les échanges sont brefs. On ne pose guère à Vignau et Durin de questions inutiles et oiseuses. D'abord, parce que tous sont informés de la prise d'otages, ensuite parce que Vignau a affiché à bord de l'avion un code, le code transpondeur(1) qui signifie que l'appareil était détourné. C'est le code "Hijack 31 Alpha"(2).

Docilement, le commandant de bord prend alors le chemin du Caire lorsque soudain, un peu après la Crète, le chef du commando intime l'ordre à Vignau de ne plus se diriger vers le Caire mais vers Damas. Les pilotes n'avaient pas encore contacté le contrôle aérien de la capitale égyptienne.

Sans dire mot, ils tournent sur leur gauche en direction de la Syrie. Procédure de routine, au passage, ils contactent l'aéroport de Beyrouth. Réponse : "Le terrain est fermé."

« Peu m'importait », dit Vignau, « puisque nous allions un peu plus loin, à Damas. J'ai appelé aussitôt la capitale syrienne et je me suis annoncé : "Air

(1) Le transpondeur est un équipement spécial qui émet un signal radio suivant un code déterminé afin de permettre au contrôleur radar d'identifier avec précision l'avion en vol.
(2) Hijack : détournement en vol.

France Sierra Québec demande instructions pour atterrir." La réponse a été immédiate : "The airport is closed. Leave immediatly the syrian airspace(3)"».

« Alors je me suis retourné vers le chef qui sembla accuser le coup. Cet homme se disait algérien; c'était un dur, un fanatique. Pendant les vingt heures qu'il a passé dans le cockpit, à nos côtés, il n'a jamais enlevé son masque alors que ses deux compagnons s'en étaient débarassés après le décollage. A la fin, au bout de toutes ces heures, c'était terriblement éprouvant de voir ce visage recouvert de noir, ce nez aplati sous le bas qui servait de cagoule, ces traits déformés. Mais il a tenu bon. Pendant tout le voyage, l'homme a conservé son masque. Il gardait également un doigt sur la détente du pistolet mitrailleur ».

« Avant d'arriver au-dessus de Damas, je m'étais tourné vers lui, j'avais essayé de l'amadouer à son tour pour, là encore, détendre l'atmosphère. On le sentait partagé entre le désir de parler, de discuter, et celui de se taire. Finalement, il m'a dit quelques mots, qui sortaient difficilement. Il a évoqué les conditions d'existence des femmes, des enfants dans les camps palestiniens, disant que c'était une honte que l'Occident laisse faire une chose pareille. L'action de son commando, ajoutait-il, était non seulement dirigée contre Israël mais également contre tous les pays capitalistes, arabes ou non, et en particulier contre l'Angleterre, les États-Unis, la France qu'il accusait d'avoir favorisé la création de l'État israélien

(1) L'aéroport est fermé. Quittez immédiatement l'espace aérien syrien.

et de l'avoir ensuite fortement armé. Enfin, il m'a parlé longuement de Yasser Arafat qui, pour lui, était l'ennemi public numéro un. Pourquoi ? lui ai-je demandé. Il lui reprochait d'être un traître à la cause palestinienne, d'être entré dans le système en se rendant à l'O.N.U. Il lui en voulait également de se promener dans des Cadillac somptueuses et de sortir avec des femmes occidentales, etc. Il m'a dit: "Yasser Arafat, on aura sa peau." Ces propos m'ont fait penser que les trois terroristes ne dépendaient pas de l'O.L.P.(1), ni même du commando *Refus*. Ils étaient, en quelque sorte, des kamikazes ».

« J'étais assez prudent dans mes questions. Au fond, je sentais qu'il ne fallait pas trop l'interroger, car, une fois arrivés à destination, il aurait pu se dire: "Ils en savent trop. On les tue." D'un autre côté, j'avais très envie d'en apprendre davantage sur eux, sur leur organisation. Alors que la France, l'Europe, le monde entier parlaient des fedayin, je réalisais que j'en avais trois à portée de voix et que j'avais ainsi la possibilité d'en savoir un peu plus ».

Damas interdit, le "Sierra Québec" survole la capitale syrienne. Le responsable du commando avait entendu l'échange de propos avec la tour de contrôle car les communications ne transitaient pas par le casque, comme à l'ordinaire, mais par deux haut-parleurs situés dans le cockpit. Vignau se tourne une nouvelle fois vers lui : "A présent, où va-t-on ?"

Pour la première fois, l'homme, toujours le doigt

(1) Organisation de la libération de la Palestine dirigée par Yasser Arafat.

sur la détente, quitte la cabine de pilotage. Il va se concerter avec le blessé et le *mariste.* Son absence est courte. Deux minutes plus tard, il est de retour. “Bagdad”, ordonne-t-il.

« Lorsqu’on est à la verticale de Damas, pour Bagdad il y a une heure et demie de vol, explique Vignau. Arrivé à trente minutes de la capitale irakienne, j’ai entamé la procédure réglementaire et j’ai demandé au contrôle l’autorisation de descendre. J’ai réclamé les conditions météo pour l’atterrissage. Et là, à ma grande surprise, j’ai été accueilli de la même manière que lorsque je *fais* Bagdad en courrier régulier. Pour Gauthier, Durin et moi, c’était la détente ».

– Air France Sierra *Québec, vous êtes autorisé à atterrir. Voici la pression atmosphérique, la vitesse du vent, sa direction. Vous pouvez faire votre approche. Rappelez à cinq minutes du terrain.*

« La nuit était tombée. On s’est posé normalement, puis on a emprunté le taxiway(1) habituel avant d’aller se parquer à proximité des autres appareils. Bref, on nous a traités comme un avion de ligne normal. J’ai arrêté les réacteurs. Rapidement, sont montés à bord les bagagistes et deux personnes inconnues qui se sont présentées aussitôt. L’un était le chef de la police irakienne, l’autre l’ambassadeur de France, Pierre Sergues. Ils nous ont demandé nos intentions. Là-dessus, l’Algérien a fait un geste de lassitude. “Nous sommes fatigués, l’équipage est fatigué. Nous voulons aller nous coucher et nous repartirons

(1) Chemin de roulement.

demain pour une autre destination". Ce qu'il venait de dire ne me plaisait pas du tout. Gauthier, Durin et moi n'étions pas fatigués, nous n'avions volé que cinq heures. Pour les trois hommes du commando, en revanche, c'était différent. Ils avaient veillé toute la nuit dans les toilettes d'Orly, ils avaient refusé toute nourriture de crainte d'avaler un soporifique. Visiblement, ils étaient épuisés, mûrs, surtout le blessé. Je pensais que cette lassitude jouait en notre faveur. Je leur ai répondu fermement que je n'étais pas du tout d'accord pour faire une halte, que je voulais bien me rendre là où ils le désiraient. Mais pas demain, tout de suite. Le chef s'est laissé finalement convaincre. Il dit : "Bon, bon"».

« Les hommes de piste avaient rempli les réservoirs, les pleins cette fois, 63 tonnes. L'opération est généralement assez rapide mais nous sommes quand même restés plus de quatre heures à Bagdad. Dans les situations les plus tragiques, il y a toujours une petite note comique ».

« Qui allait signer le bon de carburant ? Moi, je n'avais pas le droit de le faire, le chef d'escale de la compagnie n'était pas sur le terrain puisque aucun avion régulier n'était attendu ce jour-là, l'ambassadeur de France ne semblait guère pressé d'apposer son paraphe. On se passait le papier de main en main. C'était à la fois Courteline et Kafka. Pendant ce temps, le commando commençait à s'énerver ».

Ce premier contact entre l'ambassadeur de France et l'équipage n'est pas excellent. Visiblement, M. Sergues n'apprécie guère la situation. Dans le cockpit, on lui en gardera rancune. Mais pas longtemps. Quelques heures plus tard, l'ambassadeur sauvera la vie de Vignau, Durin et Gauthier.

L'avion décolle enfin plein sud et prend à la demande des fedayin la direction de la deuxième ville d'Arabie saoudite, Djeddah. Voyage relativement court et bientôt, le commandant Vignau interroge la tour de contrôle pour obtenir la permission d'atterrir et demande des instructions. L'autorisation de se poser lui est refusée.

« Ça m'étonnait qu'ils veuillent aller à Djeddah où l'influence occidentale, américaine en particulier, est assez forte et où ce genre d'irréductibles n'est pas le bienvenu. Eux-mêmes ne devaient guère désirer se poser dans le sanctuaire de La Mecque. Ils avaient dû m'indiquer cette destination pour brouiller les cartes, de la même manière qu'ils m'avaient fait, auparavant, me diriger vers le Caire ».

De toute manière, l'ordre venu de Djeddah est impératif.

– Quittez immédiatement l'espace aérien saoudien.

« Comme je savais qu'ils avaient de la chasse de nuit et que ce n'étaient pas des plaisantins, je n'ai pas voulu m'attarder et j'ai aussitôt changé de direction. J'ai pris un cap à l'ouest, vers la mer Rouge et j'ai navigué pendant un petit quart d'heure pour me retrouver plutôt au-dessus du territoire égyptien que saoudien. Quand j'ai estimé que nous y étions, j'ai viré à nouveau vers le sud pour me rendre là où ils voulaient à présent aller, au Yémen du Sud, à Aden. Il y avait encore pour une heure et quart, une heure et demie de vol. A trente minutes d'Aden, j'ai recommencé la procédure. J'ai contacté la tour de contrôle pour leur demander l'autorisation d'atterrir. La réponse a été immédiate et laconique: " L'aéroport d'Aden est fermé. Quittez immédiatement l'espace aérien du Yémen du Sud ».

« Là, j'ai été pris d'angoisse. Autant je m'étais douté que l'Arabie saoudite refuserait de nous recevoir, autant j'estimais que le Yémen, où l'influence soviétique était à l'époque évidente, nous laisserait nous poser. La réponse m'a étonné et j'ai voulu insister. J'ai donc commencé de tourner au-dessus d'Aden et j'ai fait venir derrière moi, sur le siège de l'observateur, celui qui parlait très bien le français, le mariste. Je lui ai dit: "Voilà, je n'ai plus que pour trois heures de pétrole – ce qui était faux, j'en avais pour cinq heures environ. Dites à vos frères arabes qu'il faut absolument qu'on se pose à Aden et que je demande un atterrissage de détresse, emergency landing". "Oui, oui", m'a-t-il répondu. Il a pris le micro et en arabe il a parlé, il a parlé. Quand il s'arrêtait un moment, je l'interrogeais." La réponse est: "Attendre". Ils prennent contact avec la plus haute autorité du Yémen ».

Pendant que le "Château de Compiègne" et son étrange cargaison font des ronds au-dessus du désert, Vignau demande à Durin qui est en place droite d'appeler discrètement la compagnie Air France à Paris à l'aide d'un poste longue portée. Vignau fait dire au directeur général que la situation, sans être tragique, se complique sérieusement et qu'il ne sait pas trop ou se diriger après avoir été refoulé de Djeddah et d'Aden. La réponse est la suivante : "Si le commandant Vignau demande personnellement au Caire l'autorisation d'y atterrir, l'ambassadeur d'Égypte qui est près de nous s'engage à ce qu'on lui permette de se poser." Dans le cockpit, Vignau, Durin et Gauthier sont rassérénés. Ils pourront toujours se disent-ils, se poser au Caire.

« Tout en tournant au-dessus d'Aden, dit le commandant de bord, je me suis donc tourné vers le chef du commando: "Cairo is possible[1]." Je ne l'ai pas vu changer de couleur, puisqu'il portait toujours son masque, mais il est devenu soudain très nerveux et nous a fait comprendre que si on atterrissait dans la capitale égyptienne, il nous abattrait tous les trois. Pendant que je tentais de le calmer, le temps passait et les quarante-cinq minutes de répit que je m'étais accordé touchaient à leur fin. Soudain, Aden nous a rappelés en disant: "De la part de la plus haute autorité du Yémen du Sud, nous vous donnons l'ordre de quitter immédiatement notre espace aérien." Cette litanie, nous commencions à la connaître. Mais cette fois-ci, nous avons eu la peur au ventre. D'une part, parce que les aéroports se fermaient les uns après les autres et que je voyais les jauges de carburant baisser très sensiblement, ensuite, parce que l'atmosphère dans le cockpit changeait du tout au tout. L'homme était persuadé que nous l'emmenions au Caire où il ne voulait surtout pas aller. Les gens de

(1) Le Caire est possible.

l'O.L.P., et surtout des commandos en marge comme celui-ci, je ne savais pas ce qu'en faisait Sadate, mais en tout cas, je crois qu'il ne les mettait pas au Panthéon. Et puis, il n'était pas impossible que les fedayin soient venus à Paris pour commettre justement un attentat contre la personne du président égyptien qui devait venir en visite officielle quelques jours plus tard dans la capitale française ».

« Le dialogue échangé entre Durin et le responsable d'Air France qui se trouvait à plusieurs milliers de kilomètres de là, à Paris, avait dû également inquiéter le fedayin. Je pense qu'il s'était rendu compte du contact radio en dépit des précautions que nous avions prises. Pour parler, Durin avait mis son casque, Si bien que la conversation ne transitait pas par le haut-parleur du cockpit. Il n'avait rien entendu mais il avait dû imaginer que nous avions mijoté un coup pour atterrir au Caire ».

Vignau se tourne alors vers le chef du commando et lui dit :

– Le Caire, non. Djeddah, non. Damas, non. Aden, non. Alors, où maintenant ?

Manifestement, ils ne savaient plus où aller, ils étaient désemparés. Et c'est à ce moment-là qu'ils posent cette question surprenante qui laisse l'équipage pantois :

– Et toi, captain, où est-ce que tu veux aller ?"

Le premier moment de stupeur passé, Vignau dit :

– Moi, je propose de retourner à Bagdad.

Ils ne paraissent pas du tout enchantés, et la réponse tarde à venir. Vignau leur répète inlassablement : "Pétrole, kérosène, il faut à présent décider." Au bout de dix minutes de conciliabule, ils s'avouent battus : "D'accord pour Bagdad."

« Depuis le moment où nous avions fait à nouveau les pleins lors de notre première escale dans la capitale irakienne, nous volions depuis cinq heures, compte tenu des ronds, des virages, des attentes... Il nous restait donc environ quatre heures de carburant. Il fallait deux heures trente pour remonter sur Bagdad. Alors là, on a évité le cheminement des corridors aériens réglementaires(1). On a volé à une altitude où il n'y avait pas d'autres avions de ligne, à 40000 pieds (12 000 mètres) en régime économique pour ne pas dépenser trop de carburant. Tous feux éteints, en avion pirate. On a choisi la ligne la plus droite et on s'est dirigé vers la capitale irakienne ».

« A bord, tout le monde était silencieux, les trois membres du commando somnolaient plus ou moins. Dans les cabines, on avait mis les veilleuses. A trente minutes de Bagdad, j'ai donc pris contact avec le contrôle aérien irakien :

–Approchons de votre terrain, demandons autorisation de descendre dans le circuit. Quelles sont les consignes pour l'atterrissage ?

« Quelle n'a pas été notre surprise à tous d'entendre dans les haut-parleurs :

(1) Le contrôle aérien assigne au pilote un corridor dans l'espace qui est matérialisé par des balises radio-électriques.

–L'aérodrome est fermé, quittez immédiatement l'espace aérien irakien.

Alors là, on a accusé le coup. La situation devenait dramatique.

« Je me suis tourné une fois de plus vers le chef du commando "Bagdad, pas possible." Comme il ne me répondait pas, je lui ai proposé à nouveau d'aller au Caire. A nouveau, sa réaction a été brutale, il m'a répété que si nous atterrissions en Egypte, c'en était fait pour Gauthier, Durin et moi. Je lui ai montré les lumières de Bagdad, il faisait très beau, c'était presque le lever du jour. Avec fureur, il m'a répondu :

–No, pas Bagdad, c'est Cairo ici, Cairo.

« J'ai compris que cet homme était en train de craquer nerveusement et physiquement. Cela, bien qu'il m'ait dit en cours de vol que lors de leurs opérations, ils tenaient le coup grâce à des pilules japonaises qui leur permettaient de ne pas manger, de ne pas boire, de ne pas dormir pendant sept jours. Eh bien, j'ai pu me rendre compte qu'au bout de deux à trois nuits blanches, il était comme les petits copains. Bien fatigué ».

« Alors, que faire ? Damas n'était pas loin mais le "Château de Compiègne" allait sûrement se faire refouler une nouvelle fois. Vignau comprend que cette nuit-là, tous les pays arabes se sont donnés le mot, qu'ils ont pris la décision de ne pas accepter sur leur territoire le commando fedayin ».

Vignau dit au reste de l'équipage :

–On va atterrir quand même à Bagdad. Le terrain est

fermé mais enfin il y a une piste. Elle ne sera pas balisée ni allumée mais tant pis.

Flottement dans le cockpit. Durin rappelle que quelques mois auparavant, au Koweit, les autorités de l'aéroport avaient fait placer un char d'assaut sur la piste pour empêcher un avion de se poser. Le *Boeing 747* avait été en partie endommagé par un atterrissage de fortune. A Bagdad, estime-t-il, ils sont très capables d'en faire autant. Vignau répond que l'appareil sera peut-être sérieusement abîmé, qu'ils vont sans doute arracher des balises en bout de piste, mais que c'est à son avis le seul moyen de s'en sortir et qu'il leur faut tenter le coup. Les autres se rangent à son avis, d'autant plus qu'il avait été convenu, avant le départ, qu'en cas de désaccord, le commandant de bord prendrait seul la décision.

Vignau se tourne alors vers Durin :

– Quand on verra la piste, on donnera un coup de palonnier à droite, on donnera un coup de palonnier à gauche et on essaiera d'éviter l'obstacle, s'il y en a un.

A la godille...

« Nous avons donc commencé notre descente en direction du terrain de Bagdad. L'Algérien, non seulement ne se calmait pas, mais devenait de plus en plus nerveux. Il vrillait le canon de son arme dans les côtes du mécanicien. J'entendais Gauthier me dire: "Il tremble, il me fait mal, il me fait mal ».

« Dans la cabine de pilotage, l'atmosphère était extrêmement tendue. Je me disais bien qu'il n'oserait pas tirer parce que, s'il lâchait une rafale, c'était la catastrophe. Mais tout de même, nous n'étions guère rassurés ».

« A neuf mille pieds (2700 mètres), alors que nous descendions en silence, sans plus rien demander à personne, la tour de contrôle de Bagdad nous a rappelé pour nous demander :

– Air France Sierra Québec, quelle est votre position ?

– Vingt milles dans le sud, en vue de votre terrain.

« Quelle ne fut pas notre stupéfaction et notre bonheur à la fois d'entendre dans le haut-parleur :

– Air France, vous êtes autorisé à faire une approche. Voici les conditions pour l'atterrissage ».

« Tout le terrain s'est éclairé subitement à giorno. Les installations, les hangars, les balises des châteaux d'eau, des points élevés, la piste, la ligne d'approche. Dans le même temps, les moyens radio-gonio nécessaires pour se poser étaient remis en route. A ce moment-là, on a compris qu'il s'était passé quelque chose. Quoi, on ne le savait pas encore. Mais soudain, tout est devenu facile. En dépit de cette bonne nouvelle, l'Algérien ne se calmait toujours pas et maintenait son arme contre le flanc de Gauthier ».

L'atterrissage s'effectue normalement. Sur le désert, le jour se lève. En bout de piste, la voiture pilote qui a pour mission de montrer aux avions le chemin du parking les attend. Mais elle ne conduit pas le “Château de Compiègne” au même endroit que la veille. L'équipage comprend que les autorités conduisent le “Sierra Québec” loin des hangars et des autres avions, dans un endroit isolé. Vignau arrête le *Boeing* mais conserve les moteurs en route dans le cas où, sait-on jamais, il devrait repartir brutalement. Dans les réservoirs, il reste une heure trente de carburant soit dix tonnes. De quoi aller éventuellement à Damas, à Beyrouth ou au Caire. Les terrains de Djeddah et de Djibouti étaient exclus en raison de leur éloignement.

Aussitôt, l'avion est entouré par des voitures de toutes sortes, portant sur le toit des feux clignotants blancs, rouges, bleus. Des phares sont braqués sur l'avion. Spectacle impressionnant qui accentue encore la tension dans le cockpit. Une passerelle est approchée de l'appareil, à l'avant. L'équipage ressent le léger choc familier. Vignau se retourne pour voir ce qui se passe. Il reçoit aussitôt un méchant coup de crosse assené par le chef du commando qui lui intime l'ordre de ne pas tourner la tête.

« Lors de la descente sur Bagdad, nous étions tous les six dans la cabine de pilotage », raconte le chef de l'équipage. « Les deux autres fedayin, en effet, étaient venus voir ce qui se passait. Ils en avaient profité pour parler entre eux. J'ai compris que le chef signifiait à ses camarades qu'il nous exécuterait, une fois l'avion à terre. Les deux autres s'y opposaient avec violence. Furieux, il les avait expédiés hors du cockpit à coups de crosse. Puis il avait bouclé la porte à double tour. Au moment du posé des roues, nous n'étions, à nouveau, plus que quatre dans la cabine avant ».

Vignau poursuit :

« Des gens sont montés à bord et bientôt, on a frappé avec force à la porte du cockpit. Le chef du commando nous a fait un signe :

– *Pas parler, rien dire.*

Ça a été long. C'est à ce moment-là que Durin m'a dit :

– *Ben, mon vieux, tu nous a emmenés dans un drôle de truc. C'était vraiment pas la peine de finir ici.*

Nous avions tous perdu le moral. Pourtant, nous étions enfin sur la terre ferme mais on craignait que les discussions tournent mal et que, par désespoir, ils ouvrent le feu ».

« Ils avaient emporté assez de munitions pour faire d'énormes dégâts. A un moment donné, entre Djeddah et Aden, j'étais allé voir le blessé et j'avais voulu m'asseoir dans le fauteuil situé de l'autre côté de la travée. Il y avait des chiffons sur le siège, j'avais voulu les enlever. Le mariste avait crié : "Attention! il ne faut pas toucher à ça." J'avais tout de même soulevé. Il y avait trois ou quatre grenades, deux pistolets mitrailleurs, des chargeurs, des pains de plastic, une petite bouteille de nitroglycérine, une mèche sèche prête à être posée, un bazooka de quatre vingts centimètres de long avec des obus à charge creuse. Ce bazooka, me disait le mariste, permettait de pulvériser un char à six cents mètres. En apercevant tout cet armement, j'avais rapidement remis les chiffons dessus. Je m'étais demandé un instant comment ils avaient pu apporter cet arsenal jusqu'aux terrasses d'Orly sans qu'on le voie. En regardant le blessé, j'avais compris. Il était vêtu d'une longue robe, une djellaba, et le bazooka devait être collé le long de son corps ».

De l'autre côté de la porte, un homme élève la voix et ce n'est qu'au bout de plusieurs minutes que le chef du commando accepte de répondre. Le dialogue qui se déroule en arabe dure cinq longues minutes. Soudain, l'équipage qui n'a toujours pas le droit de se retourner comprend que le terroriste déverrouille la porte et qu'il quitte la cabine. A ce moment-là, pour la première fois depuis le décollage de Paris, pour la première fois depuis vingt heures, Durin, Gauthier et Vignau sont seuls.

« Il y avait une possibilité de s'échapper », dit Vignau. « A gauche du manche à balai, il existe deux fenêtres latérales qui sont coulissantes. Au prix d'un certain exercice, que l'on répète tous les deux ans au cours d'un stage *sécurité-sauvetage*, on nous apprend à quitter l'avion par cette issue de secours. Mais lorsqu'on fait ça, on a bien dormi la veille, on a revêtu un vieux pantalon, un pull, on a aux pieds des chaussures de tennis. Et puis, on dispose d'une sangle, on fait un rappel, on passe le derrière d'abord, les jambes ensuite, et, en bas, il y a un moniteur qui est prêt à nous recevoir en cas où ça se passerait mal car la cabine se trouve à une hauteur équivalente à un étage et demi. Gauthier passerait le premier, ensuite Durin. Je fermerais la marche. Cela faisait en tout de six à sept minutes. Mais nous étions fatigués et j'ai redouté le retour du fedayin ».

« J'ai dit à Durin :

–Mon vieux, moi j'ai l'impression que ce répit ne va pas durer longtemps. Si ça tourne mal dehors et qu'il rentre, et qu'il nous voie foutre le camp par la fenêtre, il va faire du ball-trap, nous flinguer comme des lapins.

« J'avais à peine terminé ma phrase que les trois terroristes ont fait irruption dans la cabine. Ils nous ont pris les mains. Ils nous ont pris les bras, ils les ont levés en l'air en signe de victoire. Les mots se bousculaient :

–Merci, thank you, captain, merci beaucoup.

Ils ont terminé leurs effusions et je les ai vus quelques instants plus tard descendre la passerelle, les mains croisées derrière la nuque, tenus en respect par le chef de la police irakienne dont nous avions fait la connaissance quelques heures auparavant lors de notre premier passage. Une petite camionnette est venue se placer en marche arrière à la hauteur de la dernière marche. Poussés par les policiers, ils se sont engouffrés. La voiture a démarré. Ouf! nous respirions enfin ».

A ce moment-là, l'ambassadeur de France, Pierre Sergues, est entré dans la cabine :

–Bravo! les enfants, vous êtes délivrés, bien joué, formidable. Allez, venez, je vous emmène.

Que s'était-il donc passé entre le moment où à quarante mille pieds et à trente minutes de Bagdad on avait refusé l'autorisation d'atterrir au “Château de Compiègne” et celui où à vingt minutes du terrain et à deux mille sept cents mètres d'altitude, la tour avait permis au *Boeing* de se poser?

« Eh bien », dit Vignau, « l'ambassadeur était resté à l'aéroport toute la nuit. La première fois, au moment de nous quitter, il nous avait dit "au revoir, à tout à l'heure" mais j'avais cru qu'il s'agissait d'une boutade. En fait, il avait parfaitement compris dans quel pétrin nous étions fourrés et il savait bien qu'aucun pays arabe n'accepterait de nous accueillir. A tout hasard, il était resté à l'aérogare, au cas où nous reviendrions ».

« Dieu, qu'il avait bien fait ! Car, il avait entendu qu'à quarante mille pieds je demandais de revenir me poser et que le responsable du contrôle appliquant les consignes m'ordonnait de quitter l'es. pace irakien. Il avait aussitôt téléphoné au ministre des Transports à Bagdad pour lui demander d'intervenir. Ce dernier s'était révélé très réticent mais par amitié pour l'ambassadeur, il avait en définitive donné le feu vert à la tour de contrôle et au chef de la police. L'Irak acceptait de se désolidariser de la promesse que s'étaient faite les pays arabes de nous refouler. Pourquoi avait-il cédé ? Par sympathie pour la France et parce que la visite de Jacques Chirac à Bagdad quelques jours auparavant avait été un succès. Les Irakiens en avaient gardé une grande reconnaissance envers l'ambassadeur ».

Dans les salons de sa réssidence, Pierre Sergues ouvre sa cave et offre du Dom Pérignon à ses hôtes pour fêter l'heureux dénouement d'une aventure qui aurait pu se terminer en tragédie.

L'équipage va ensuite se reposer quelques heures avant de regagner le terrain en compagnie de l'ambassadeur. A tout hasard, Vignau fait inspecter de fond en comble le *Boeing 707*, craignant que les trois terroristes n'aient laissé une bombe à retardement. A l'aide de plusieurs *poêles à frire*, des soldats irakiens examinent les soutes, les toilettes, les fauteuils. Ils ne trouvent rien. Le commandant de bord donne alors le *top* de départ. Le "Château de Compiègne" décolle et emprunte une route directe vers Paris.

En cours de route, l'équipage reçoit un message de la direction d'Air France :

– *Après votre atterrissage, ne vous dirigez pas vers les habituels parkings passagers mais gagnez les hangars à la direction du matériel.*

Réaction de vieux navigant :

– *Formidable,* dit Vignau, *on va éviter la douane. Dieu sait pourtant qu'on avait rien à déclarer.*

Il ajoute :

– *On va pouvoir rentrer directement chez nous en évitant la télévision, la presse.*

Profonde erreur. Il est 18 h 04 lorsque l'avion se pose. 18 h 10 lorsque le "Château de Compiègne" arrive devant les hangars. La nuit est tombée. Ébloui par les projecteurs des neuf chaînes de télévision françaises, anglaises, italiennes et américaines, Vignau préfère stopper aussitôt. Durin, Gauthier et lui devinent confusément une foule immense. Pour Vignau, qui vient de boucler sa vingt-cinq millième heure de vol, et pour ses deux camarades, le cauchemar est à présent terminé.

Robert Durin, Marcel Gauthier et Jean Vignau recevront la Légion d'honneur pour leur odyssée. De la France entière leur parviendront par la suite des centaines de lettres, des caisses de vin blanc, de champagne, de cognac. Des enfants leur enverront des dessins, des poèmes. A tous ces admirateurs inconnus, les trois hommes adresseront un mot de remerciement. Mais ils n'auront pas à répondre aux otages que leur geste courageux a sauvé. Aucun d'entre eux n'ayant jugé bon de leur envoyer un message de gratitude...

REVANCHE SUR LE DESTIN

Pour le cadastre, l'endroit se nomme *Moulin-Vieux*, quelque part dans le département du Gers. Un vaste bâtiment de pierre, posé au-dessus d'un bief, entouré de champs où se dandinent des oies grasses et des canards peureux. Sous l'appentis, tout l'attirail du parfait cultivateur. Un homme, aujourd'hui décédé (le 1er octobre 1988), a vécu là de longues années. Seul, la plupart du temps. Seul comme il l'était à bord des avions prototypes qu'on lui confiait afin qu'il aille voir par lui-même ce qu'ils avaient dans le ventre, lui, le pilote d'essais le plus prestigieux de l'après-guerre. Jacques Guignard, puisque tel est son nom, habitait cet ancien moulin qu'il avait fait restaurer. Il était ainsi revenu à ses premières amours, au souvenir qu'il gardait de ce vieux moulin de l'est de la France auprès duquel il allait pêcher quand il était enfant. Durant des années, il avait prospecté la région de Toulouse, au sens large, pour y dénicher la demeure de ses rêves, patiemment, minutieusement, comme il avait toujours fait toutes choses. Jusqu'à ce qu'il s'estime satisfait de ce qu'il avait trouvé pour y prendre sa retraite, à l'âge de cinquante ans. A partir de là, Jacques Guignard n'avait plus touché aux commandes d'un avion, le dernier "proto" sur lequel il ait volé étant *Concorde*, pour les premiers essais, en compagnie d'André Turcat, alors directeur des essais en vol de la S.N.I.A.S., la société qui allait devenir un peu plus tard l'Aérospatiale.

A *Moulin-Vieux*, Jacques Guignard élevait des volailles, surveillait les poissons qui pullulaient dans le ruisseau et l'étang de sa propriété, parcourait celle-ci, de l'allure à la fois lente, un peu heurtée du paysan méditatif qui tâte du pied les semailles à l'automne.

Pourtant, les impressions visuelles sont parfois trompeuses. Car Si Jacques Guignard hésitait parfois, si son pas paraissait accrocher le sol, ce n'était point qu'il s'interrogeât sur l'avenir de sa moisson, ou le devenir de ses oies et de ses canards, même s'il répugnait à sacrifier ceux-ci, préférant de beaucoup les voir mourir de leur belle mort.

Non. C'était tout simplement qu'il portait dans sa chair les traces du terrible accident qui avait failli lui coûter la vie, au mois de septembre 1953. Ou pire: qui avait failli laisser paralysé pour la vie ce grand gaillard alors âgé de trente ans, débordant de santé, risque-tout précautionneux, ce *prince des pilotes d'essais*, ainsi que l'avait surnommé un peu pompeusement un journal à grand tirage. Ce terrible accident au cours duquel il s'écrasa au sol à bord de l'avion *Trident*, espèce de long cigare d'aluminium au nez effilé, comme si on y avait planté une allumette. Un avion conçu par Lucien Servanty, l'ingénieur sans diplôme mais bourré de génie, "l'homme qui avait des avions dans la tête", a-t-on dit.

A *Moulin-Vieux*, tous ceux qui ont fréquenté les lieux s'en souviennent, lorsqu'on venait de la prairie, lorsqu'on tournait le dos à l'étang pour pénétrer dans l'antique moulin restauré, la première chose que découvrait le regard, dès le seuil franchi, c'était le *Trident*. Une photographie géante du *Trident*, collée au mur à hauteur du balcon intérieur qui vous faisait face. Une photographie que Jacques Guignard regardait chaque jour, dix fois, cent fois, comme pour ne jamais oublier.

En 1975, le *Trident*, c'était il y a plus de vingt ans. Pour Jacques Guignard, c'était hier.

« L'armée de l'Air, les ministères avaient lancé un programme destiné à réaliser un intercepteur extrêmement rapide, racontait-t-il. Servanty avait alors étudié le *Trident* qui était une sorte d'engin sol-air comme il en existe maintenant, capable d'intercepter l'ennemi dans un temps record. Une seule différence, mais elle était fondamentale : le *Trident* était piloté. Théoriquement, à un signal donné, il devait décoller et aller abattre un avion supersonique ennemi qui pénétrait dans notre espace aérien, qui entrait dans notre *couverture*, selon l'expression consacrée. Mais il ne transportait qu'un missile, juste un missile, il n'avait rien d'autre. Et quand l'adversaire entrait dans le champ de tir, le pilote déclenchait ce missile avant de rentrer dare-dare à sa base. Mission extrêmement courte et précise et c'est pour cette raison qu'il ne disposait, pour tout moyen de propulsion, que de deux réacteurs en bout d'ailes et qui lui servaient avant tout à revenir à son point de départ ».

« Dans sa période d'interception, il était propulsé par des fusées, une batterie de trois fusées situées à l'arrière, qui lui donnait la vitesse nécessaire pour aller effectuer son travail. A deux fois et demie la vitesse du son ! Ces fusées fonctionnaient avec un mélange de fluoraline, un hydrocarbure, et d'acide nitrique. A l'époque, dans les années 50, on ne savait pas faire autre chose. Depuis, bien sûr, on a discipliné l'eau oxygénée ».

« Ce sont les Allemands qui, à la suite de longues et patientes recherches, avaient mis au point ce mélange. D'ailleurs, la fusée que l'on utilisait avait été conçue et mise au point par les Allemands sous l'égide de la S.N.E.C.M.A., notre société nationale d'étude et de construction de moteurs d'aviation. Ou plutôt... non, ce n'était pas la S.N.E.C.M.A. à l'époque. C'était la S.E.P.R., Société d'Étude de la Propulsion par Réaction. Ce n'est qu'ensuite que la S.N.E.C.M.A. a repris le moteur à son compte ».

« Les grands patrons du projet étaient donc deux Allemands, Schneider et Muller, deux savants que la France avait récupérés et qui étaient chargés de continuer à développer le programme de la fusée. Peut-être, ces deux hommes avaient-ils travaillé avec Von Braun qui, aux Etats-Unis, a fait la carrière que l'on sait. Ces deux gars-là, donc, s'intéressaient particulièrement aux moteurs. L'un s'occupait des réacteurs Atar, qui allaient être montés sur les *Mirage* - encore une retombée des recherches allemandes dans le domaine de la propulsion - l'autre avait de grandes connaissances pour tout ce qui touchait aux fusées ».

« Mais le *Trident*, lui, n'était pas propulsé par des réacteurs Atar. On lui avait donc monté en bout d'ailes deux petits réacteurs *Marboré*, fabriqués par Turboméca, et surtout, trois fusées qui développaient chacune une tonne et demie de poussée. Cela lui faisait donc quatre tonnes et demie de poussée aux fesses, pour un poids *avion* approximatif de cinq tonnes. J'aime autant vous dire que lorsqu'on allumait les trois fusées, on prenait une sacrée accélération !... ».

« Cet avion, je m'en suis occupé depuis le début. J'ai même fait voler tous les avions qui l'ont précédé pour le mettre au point, entre autres le *S.O. 6 000* et quelque... (S.O. pour Sud-Ouest, du nom de la société qui le construisait, la Société nationale de Construction aéronautique du Sud-Ouest), je ne me souviens plus du numéro exact... sur lequel on avait étudié le comportement des réacteurs en bout d'ailes ».

Puis le *6025*, sur lequel on avait installé une fusée sous le fuselage, une fusée S.E.P.R. qui utilisait donc cet avion comme banc d'essai volant. J'ai donc fait voler tous ces trucs-là, avant de mettre le *Trident* en l'air. Lorsque j'ai *décollé* celui-ci pour la première fois, je possédais donc déjà une connaissance empirique de tous les moyens de propulsion. Car à cette époque, tous les essais s'effectuaient en l'air, en vraie grandeur. On ignorait ce qu'était la simulation. Il fallait y aller voir. Les ingénieurs formulaient un certain nombre d'hypothèses et ensuite... eh bien! ensuite, on allait vérifier dans l'atmosphère que ces hypothèses étaient exactes.

« C'est précisément ce qui s'est passé le 1er septembre 1953. Le *Trident* volait depuis quelques mois déjà. Ce jour-là, il s'agissait d'ailleurs non pas du premier, mais du deuxième prototype. Avec le premier, j'avais déjà réalisé un certain nombre de vols. Mais le deuxième avait subi pas mal de modifications, sur la voilure, autrement dit l'aile, etc. On pouvait vraiment le considérer comme un nouvel avion, un prototype à part entière ».

« Au retour de mes vacances, l'avion était enfin prêt et il fallait absolument le mettre en l'air. Je dis : "enfin prêt", car bien entendu, nous étions toujours en retard, je n'ai jamais vu un avion en avance sur son programme de mise au point. Jamais. Et notre directeur technique, qui était un vieil X, un vieux polytechnicien qui avait conçu un avion célèbre, le *Courlis*, la Citroën de l'air, fabriqué par Chausson (il est mort depuis), quand il a appris que l'avion était prêt, enfin prêt, il téléphonait toutes les demi-heures au terrain pour nous demander: "Alors, vous le mettez en l'air, ce p... d'avion ?" ».

« Il faut bien comprendre que chaque jour perdu sur le programme entraînait une pénalisation financière. Cela, pour obliger les gens à se dépêcher. Alors, sans arrêt, mes chefs me tannaient le cuir: “Faut se dépêcher, faut se dépêcher!...”».

« Ce jour-là, il faisait une chaleur torride à Melun-Villaroche, notre terrain d'essais situé au sud de la région parisienne. Au moins trente degrés en début d'après-midi, au moment où l'avion a été enfin sorti du hangar. Il faut bien comprendre qu'à cette époque, on n'était pas tellement familiarisé avec les variations des performances d'un avion, et notamment des réacteurs, en fonction des changements de température. Maintenant on connaît tout cela sur le bout des doigts, mais il y a vingt ans, il n'en était pas de même. Or, ce premier vol devait se faire avec le train d'atterrissage et les volets sortis. On procédait, et l'on procède toujours de cette manière, quoique maintenant on dispose de moyens d'investigations que l'on n'avait pas à l'époque. On partait du principe que si, pour une cause quelconque, l'avion était mal foutu, il valait mieux garder le train d'atterrissage et les volets sortis. Car, à la suite de déformations éventuelles de la cellule, on courrait le risque de ne plus pouvoir disposer librement des roues... pour atterrir sur la piste ».

« Se poser train rentré au premier vol d'un prototype ? On aurait eu bonne mine. Alors, on ne touchait à rien et à l'issue de la première expérience, on replaçait l'avion sur des tréteaux et on mesurait soigneusement toutes les cotes de l'appareil pour être certain que rien n'avait *bougé* ».

« Ce 1er septembre 1953, si mes ingénieurs avaient été vraiment astucieux, ils auraient dû, par un simple coup d'œil à leur règle à calcul, comprendre que ce jour-là, ça n'était pas possible(1). Ils auraient dû me dire : “Si tu as le moindre pépin, avec la chaleur qu'il fait, tu t'en sortiras pas...”. Extraordinaire, mais vrai : nos bureaux d'études ne nous avaient jamais fourni d'informations sur ce sujet. Mon directeur d'essais en vol, mon directeur technique, mon ingénieur, qui étaient tous des X, des polytechniciens, n'avaient jamais mis l'accent là-dessus. Pourtant, ils étaient aussi intéressés que moi à ma réussite. Enfin, l'avion était prêt, il faisait beau, un beau ciel bleu, pas un poil de vent... mais une température de 30°! Et nous voilà partis. Je reconstitue d'ailleurs par imagination, car je dois à la vérité de dire que j'ai tout oublié de ce qui s'est passé...».

Jacques Guignard ne se souvenait même pas que ce matin du 1er septembre 1953, il était parti de chez lui en oubliant... ses chaussettes! Cet homme qui, aux commandes d'un prototype, se montrait extrêmement méticuleux, n'oubliait jamais rien, cet homme que ses pairs considèraient comme l'un des plus grands, sinon le plus grand d'entre eux, cet homme avait ainsi de ces distractions désarmantes.

– *Tu oublies tes chaussettes !* lui a crié sa femme Suzy.

– *Je n'en veux pas !*

(1) La poussée des réacteurs d'un avion est en effet étroitement dépendante de la densité de l'air qui entre dans ces moteurs. Or, avec de l'air chaud, cette densité diminue, tout comme lorsque l'avion se trouve en altitude. Ce qui explique que les appareils qui décollent de terrains situés en pays chauds, ou très au-dessus du niveau de la mer, doivent utiliser une longueur de piste beaucoup plus grande afin d'atteindre la vitesse minimum de sustentation qui leur permet de “prendre l'air”.

– *Quand rentreras-tu ?*

– *Je n'en sais rien !*

Même pas une dispute, à peine une bouderie. De toute manière, Suzy Guignard savait bien qu'il valait mieux ne le contrarier en rien, ne pas lui encombrer l'esprit de détails futiles. Elle s'est donc tue. Comme d'habitude.

Vers midi, Charles Goujon, un autre pilote – il devait se tuer sur le *Trident* un peu plus tard – a téléphoné: "Jacques ne rentrera pas déjeuner... On vous préviendra !..." Ce "on" la tourmentait, il y avait comme une menace qui se dissimulait derrière l'anonymat voulu de ce pronom indéfini. Encore un peu plus tard, deux hommes ont sonné à la grille du jardin. Suzy a compris tout de suite, elle s'est précipitée dans leur direction. Mais l'un d'eux a hurlé avant qu'elle ait eu le temps de poser une seule question :

– *Non! Non! Il n'est pas mort... Il est à l'hôpital...*

Le *Trident*, avec Jacques Guignard à son bord, venait de s'écraser au sol.

« Je n'ai aucun souvenir, racontait Jacques Guignard. Je pense quand même que j'ai dû faire les choses comme il fallait. M'installer à bord, bien me *brêler*(1). Et me voilà parti. Le premier vol se faisait donc uniquement sur les réacteurs de bouts d'aile, sans utilisations des moteurs-fusées. J'avais déjà effectué vingt à trente vols sur le premier prototype,

(1) Attacher, fixer les bretelles qui retiennent le pilote à son siège. Peut-être par analogie avec une "brêle" - un mulet - sur laquelle on attache le bât.

et j'avais donc déjà dans l'œil la distance nécessaire pour le décollage, une idée très convenable de la façon dont cet avion devait se comporter. La seule différence de ce *Trident n° 2* par rapport au *Trident n° 1* était que le *n° 2* avait une surface d'aile plus réduite. Mais pour le reste, pas de grande différence. De toute manière, cet avion se mettait en l'air très difficilement car il avait un empennage[1] très bas, on ne pouvait pas lui donner un angle d'incidence normal, sinon l'empennage traînait par terre. D'ailleurs, pour ne pas courir ce risque, j'avais fait dessiner sur mon pare-brise - pare-brise! quel euphémisme pour un avion destiné à voler à deux fois et demi la vitesse du son! - j'avais fait tracer un trait à la peinture, et il me suffisait de lever le nez de l'avion de manière à amener ce trait sur l'horizon et de le maintenir là pour être certain de ne pas raboter la piste...».

Merveilleuse association de la technique la plus élaborée et du bon vieux système D... français ! Car, ce que ne disait pas Jacques Guignard, c'est que, outre ses fusées, le *Trident* comportait encore une autre innovation. Pour l'expliquer, quelques précisions préalables sont nécessaires. Sur un avion, il existe en général trois sortes de gouvernes, qui permettent de modifier la trajectoire dans toutes les directions : des ailerons sur les ailes, qui servent à incliner l'avion; une gouverne de direction qui, comme son nom l'indique sert à orienter l'avion à droite ou à gauche; une gouverne de profondeur, avec laquelle on peut faire monter ou descendre l'avion.

(1) Gouvernes situées à la queue de l'appareil.

Rien de tel sur le *Trident*. Sur cet appareil révolutionnaire, les trois gouvernes différentes se retrouvaient synchronisées, intégrées dans les trois espèces de pétales métalliques qui se trouvaient montés sur la queue de l'avion, à 120° l'une de l'autre. Un *mélangeur*, un système mécanique, se débrouillait pour réagir correctement aux sollicitations du pilote, qui lui, n'avait pas à se préoccuper de détails aussi mesquins. Sinon de ne pas trop cabrer l'avion au décollage, de manière à ne pas raboter la piste. D'où le trait de peinture sur le pare-brise.

« D'après ce que je crois savoir », disait Guignard, « nous avons dû correctement nous mettre en l'air, le *Trident* et moi. Rien d'anormal. Seulement, du fait de la chaleur, les réacteurs fournissaient tout juste la poussée nécessaire pour cela. Ce qu'ils ont fait. Ensuite... ».

Ensuite, l'avion commença de se traîner au ras du sol, incapable d'accélérer. Ce que les spécialistes appellent plus précisément le second régime, un cas de vol où l'oiseau blessé s'achemine inéluctablement vers la chute. En grand pilote, Jacques Guignard avait très vite compris ce qui se passait. Comme il le disait lui-même : "Je me traînais lamentablement au ras des marguerites." En fait, il s'agissait plutôt de betteraves. Dans la Brie, on ne voit pas beaucoup de marguerites. La Brie, la vraie Brie, la belle Brie, avec des oiseaux noirs qui viennent picorer les blés. "Encore une fois, je ne les ai pas vus ce jour-là, je les ai imaginés".

« Me voilà donc dans cet avion, dans cette cabine étroite, toute petite, petite, d'où le haut de la tête émergeait à peine, avec devant un nez métallique de quatre ou cinq mètres. Si bien que l'on ne voyait strictement rien. Position inconfortable s'il en est. La seule vue du paysage que l'on avait était une vue latérale. Tout cela à quinze mètres du sol. Dans le noir, quoi ».

« Alors, contrairement à ce que prévoyait le programme d'essais qui indiquait que je devais voler en gardant le train d'atterrissage et les volets sortis, j'ai désobéi aux ordres, j'ai rentré le train et j'ai commencé à rentrer les volets. Les enregistrements des paramètres du vol en témoignent. Il me fallait gagner de la vitesse, et vite, si je puis dire. Sur les enregistrements, on voit effectivement la vitesse qui augmente. C'était gagné ! C'était gagné ! ».

« Manque de bol. Il y avait devant moi un transformateur. Manque de bol, car si je l'avais vu, j'aurais sans doute pu l'éviter. J'aurais triché, j'aurais... Je me serais débrouillé, quoi. Au lieu de cela, le choc, l'avion qui s'empale, qui se brise en morceaux, qui vole en éclats. Et la cabine qui se détache ».

« Car sur cet avion, destiné à voler à très grande vitesse, le pilote en détresse ne s'éjectait pas avec son siège, c'était toute la cabine qui partait, qui se libérait du reste. Une capsule que des charges explosives séparaient du Trident et qui se retrouvait suspendue à trois parachutes, comme la cabine Apollo. Sous le choc de l'impact, la séparation a eu lieu sans que j'aie à intervenir et à tirer sur ma poignée rouge. Et me voici, tel Diogène dans son tonneau, roulant et culbutant dans les champs de la Brie au milieu des betteraves. L'avion, lui, les débris de l'avion, sont restés accrochés au transformateur...».

Dieu merci, Jacques Guignard était solidement attaché. Lorsque les hommes des services de secours arrivèrent, avec en tête le pilote Charles Goujon, camarade de Guignard, celui qui avait téléphoné à Suzy pour lui dire que son mari ne rentrerait pas déjeuner, ils furent horrifiés devant le spectacle. Guignard avait perdu son casque, qui s'était brisé. Sa tête, son visage tuméfiés étaient inondés de sang. Une mousse rougeâtre sortait de ses lèvres.

Le tout, depuis le moment où le pilote a lâché les freins sur la piste jusqu'au moment où l'avion a percuté le transformateur, le tout n'avait duré que deux minutes. Jacques Guignard n'a pas eu le temps de prononcer un seul mot. Mais les gens de la base de Melun-Villaroche n'ont rien perdu du drame qui s'est joué. Ils se précipitent à travers la plaine à bord de véhicules tous terrains. Ce sont eux qui extraient le grand corps brisé et sanguinolent de la cabine et l'emmènent jusqu'à l'hôpital de Melun.

Sur son lit, Guignard hurle et s'agite, à tel point qu'on doit l'attacher. “Ce n'est rien ! Ce n'est rien ! Laissez-moi !...” crie cette espèce de fantôme qui a perdu toute apparence humaine. Ainsi que l'a raconté un peu plus tard Suzy, sa femme : “C'est à ses mains que je l'ai reconnu. Il était complètement défiguré. Plus de mâchoire, le nez écrasé, les oreilles en choux-fleurs, une tête énorme. Mais il s'est passé une chose incroyable. Lorsqu'il m'a vue, il a fait sauter ses liens, il m'a pris la main...”.

« Là, on m'a fait comme à Franco », commentait Guignard avec une pointe d'humour féroce, « on m'a foutu en hibernation, gavé de tranquillisants. Si bien que je n'ai repris conscience que trois semaines après. Du matin de l'accident jusqu'à mon réveil, trois semaines de coma ».

« Trois semaines à soustraire de ma vie. Alors seulement, on m'a opéré. Je souffrais d'une compression de la moelle épinière, au niveau de la première vertèbre lombaire, qui provoquait une paralysie de tout le bas du corps. Tout était paralysé. Il s'agissait donc de débrider la moelle épinière pour lui redonner son volume normal. Première opération. Résultat nul. Cela ne m'a rien fait. Du moins cela ne m'a pas fait plus de mal. Parce que j'ai vu des exemples où ce genre d'opération vous fabrique un paraplégique en moins de deux. Seulement, à ce moment-là, j'étais bien incapable d'en juger et d'intervenir dans les décisions qui étaient prises ».

« Les plus grandes sommités médicales de l'hôpital Foch avaient été déléguées à mon chevet. Le professeur Judet, par exemple. En plus de mon tassement de la moelle épinière, j'avais une fracture à l'épaule. Quant à mon crâne : à peu près dans l'état d'un panier d'œufs que l'on aurait soumis à une centrifugeuse. J'étais provisoirement borgne. J'avais perdu le sens de l'odorat. Mais à part ça, la tête n'avait pas subi de grands dommages !... On ne peut pas en dire autant du bas. Après mon roulé-boulé... ».

« Je suis resté trois mois à l'hôpital. Quand j'en suis sorti, je portais un corset de plâtre. Insensibilité complète des jambes, je ne pouvais plus me lever sur la pointe des pieds, etc.».

« Pourtant, jamais, à aucun moment, je n'ai douté que je reprendrais mes activités. Jamais. L'optimisme de ma nature était tel que je n'ai jamais douté. Alors que, rétrospectivement, je revois très bien la gueule des gens qui m'entouraient et qui, tous, sans exception, se disaient : "C'est fini, il est foutu, on ne le reverra jamais plus. Il finira sur une petite chaise...". Ce qui m'a sauvé, c'est que je ne me suis jamais pris au sérieux. Sinon, si je m'étais pris au sérieux, j'aurais dit : "Bon, eh bien, apportez-moi la petite chaise et on n'en parlera plus..."».

« Mais là, j'ai repris du poil de la bête – la bête, c'était moi – tout doucement, en ce sens que j'ai fait ma rééducation moi-même, j'ai acheté une bicyclette et j'ai refait du vélo. Du *Trident* au vélo! Enfin...».

« A cette époque, j'habitais en lisière de la forêt de Fontainebleau, à Bois-le-Roi, et j'allais rouler à bicyclette en forêt. Et un jour que je peinais à essayer de grimper un raidillon, oh! un tout petit raidillon ! un gars à vélo me double et me crie au passage :

–*Alors, papa, ça va ?...* Moi, un homme dans la force de l'âge, un homme de trente-trois ans! Quelle déchéance, hein? Mais, peu à peu, j'ai repris le dessus ».

On imagine mal, aujourd'hui, à près d'un demi-siècle de distance, quelle pouvait être la notoriété de gens comme Jacques Guignard, de ces pilotes d'essais dont les exploits emplissaient les pages des journaux, dont les noms étaient familiers à des millions de Français. Chaque jour, durant le coma de Jacques Guignard, les journaux donnaient le bulletin de santé du grand pilote.

Puis, lorsqu'en serrant les dents il résolut de réapprendre à marcher, ces mêmes journaux publièrent le récit de ses efforts. *"Sauvé par miracle, il dut rester quatre mois à l'hôpital de Melun, sans pouvoir faire le moindre mouvement. Aujourd'hui, l'intrépide pilote marche comme tout le monde et fait même dix kilomètres par jour à bicyclette. Il a seulement un corset orthopédique qui lui maintient le bassin et la cage thoracique. Il ne le quitte que quelques minutes pour faire sa culture physique le matin. Guignard a réappris à marcher, il y a plus de deux mois. Le premier jour, il dut se retenir à son lit pour ne pas tomber. Le second jour, il parcourut le couloir de l'hôpital. Le troisième, il en fit l'aller et retour..."*

Un beau jour, estimant qu'il en était arrivé à un point de réadaptation suffisant, Jacques Guignard décida de se payer de culot.

« Ma licence de pilote d'essais était périmée, du fait de mon inactivité », racontait-il avec une sorte de pudeur teintée d'humour. « Je me suis donc dit qu'il fallait que je retourne voir mes toubibs qui, seuls, pouvaient me délivrer le certificat médical nécessaire à son renouvellement. Entre-temps, j'avais fait quand même une nouvelle apparition sur le terrain de Melun-Villaroche, le jour où une grande commission présidée par René Pleven venait inspecter la base, et où Rozanoff devait présenter le dernier *Mystère* de la société Dassault, le super super *Mystère*. J'ai vu Rozanoff, ce jour-là, se tuer sous mes yeux. Vous savez comment cela se passait, en ce temps-là. On disposait messieurs les officiels en un lieu favorable, choisi à l'avance, et les pilotes effectuaient devant eux des passages éblouissants suivis de chandelles mirobolantes, afin de démontrer que la machine présentait des qualités exceptionnelles, et que les crédits, il fallait les débloquer... en vitesse ! »

« Donc, ce jour-là, au cours de son deuxième passage, soit qu'il soit descendu trop bas, soit qu'il ait eu une panne... moi, j'ai eu l'impression qu'il était plutôt descendu trop bas... clac ! le bout de l'aile a accroché le sol. A 600 nœuds, plus de 1 100 kilomètres à l'heure, ça ne pardonne pas. Cela a fait une boule de feu, juste dans l'alignement des officiels parmi lesquels je me trouvais, avec mon corset et ma petite canne ».

« On m'avait présenté à ces messieurs comme le rescapé, le miraculé, cela faisait bien dans le tableau, n'est-ce pas ? Enfin, bref, je me souviens de cet avion qui éclate, de cette boule de feu, des éclats qui giclaient dans tous les azimuts, et du réacteur lui-même, du réacteur tout seul passant à une dizaine de mètres du groupe des personnalités. On entendait les morceaux de tôle siffler au-dessus de nos têtes... il n'y a pas eu un seul blessé dans l'assistance. Mais Rozanoff était mort ».

« Ensuite, eh bien, ensuite, le rescapé, le miraculé est allé briguer les suffrages des médecins. Et là, je dois leur rendre hommage, je dois leur tirer mon chapeau, notamment au médecin-colonel Raboutet, qui m'a fait confiance, qui a tout mis en œuvre pour me récupérer. Il s'est dit : "Le père Guignard, on va essayer de faire quelque chose pour lui...", alors que partout ailleurs, et dans tous les autres services médicaux, j'aurais été refusé, jeté...».

« Le colonel Raboutet était responsable de la délivrance des certificats médicaux pour les pilotes civils et militaires à Paris, puisque en France ce service est mixte. Tous les six mois, il faut se soumettre à un contrôle médical et être reconnu apte, que l'on soit civil ou militaire. Et lui m'a fait confiance. Par dérogation, du fait, m'a-t-il dit, de ma grande expérience passée, il m'a accordé le renouvellement de ma licence. D'abord pour trois mois, avec obligation de rester en France, sous sa juridiction. Puis six mois. Et ainsi de suite. Ce qui fait que je suis le seul pilote d'essais au monde à avoir volé dans des conditions semblables ».

« Bien sûr, le colonel Raboutet ne s'est pas lancé ainsi à l'aveuglette. Il me connaissait bien. D'abord, dans le domaine aéronautique, j'étais en quelque sorte un homme public. Et puis, il savait ce que je valais, j'avais fait voler la plupart des prototypes de l'époque. Mais, quand même, il fallait de sa part un certain courage, et un courage certain, pour prendre pareille responsabilité ».

« Alors, tout guilleret, je suis allé m'entraîner sur des avions dits *de servitude*, au Centre d'essais en vol. Il fallait relancer la machine. Puis je suis repassé sur le *Trident*...».

Un peu plus tard, c'était la revanche, la vraie revanche sur le destin.

Le 4 avril 1958, Guignard plaçait son *Trident* sur la piste, mettait pleins gaz sur les réacteurs, allumait ses fusées : deux minutes et douze secondes après il se retrouvait à 12 000 mètres d'altitude. Record absolu. Le même jour, il réalisait une autre performance : 15 000 mètres en deux minutes et trente-six secondes. Puis, le 19 avril, il montait à 18 000 mètres en trois minutes et dix-sept secondes. Nouveau record du monde. Seul, à bord de cet avion qui avait failli le tuer, ou du moins le laisser paralysé pour le restant de ses jours. Seul ? Pas tout à fait, cependant. Le jour du grand record, il y avait avec lui une mouche!

« Eh oui ! Ce jour-là », aimait à rappeler Guignard en riant, « ce jour-là, il y avait une mouche dans le poste de pilotage. Pendant tout le vol du *Trident*, elle a folâtré autour de moi... Et lorsqu'on a ouvert la verrière, à l'atterrissage, la mouche est partie, tout simplement. Pas incommodée du tout par l'altitude ».

« Mais si elle s'était trouvée avec moi le jour de mon second accident, là... Car j'ai eu un autre pépin sérieux avec le *Trident*. Pendant que nous préparions les records du monde, précisément. Je devais effectuer sur l'avion des études de basse vitesse, voir comment l'avion se comportait lorsqu'il volait lentement. Pour cela, on se baladait à une altitude assez faible avec des positions d'avion inhabituelles, le nez beaucoup moins haut au-dessus de l'horizon. Or, sur le *Trident*, le système d'alimentation en carburant était constitué par tout un groupe de réservoirs et le fait de voler dans des positions bizarres a eu pour effet de perturber la séquence de vidage de ces réservoirs. Total, le réservoir situé le plus en avant ne s'est pas vidé. Personne n'avait jamais pensé, encore une fois, que si l'on effectuait une mission qui ne soit pas exactement conforme à la mission-type, à celle pour laquelle l'avion avait été conçu, une telle chose puisse se produire ».

« Elle s'est pourtant produite ! Sur l'avion, je ne disposais pas d'un indicateur individuel par réservoir de carburant, mais seulement d'un compteur volumétrique, de ce que l'on nomme un débitmètre, sur lequel on affichait au départ la quantité totale de carburant embarqué, la quantité théorique. Seulement, le premier réservoir ne s'étant pas vidé, l'indication était fausse, alors que tout le monde dormait sur ses deux oreilles ».

« Moi, le premier. Si bien que tout à coup... bziiiittt... les deux réacteurs se sont éteints en même temps, une grosse lampe rouge s'est allumée sous mon nez. J'arrivais juste à proximité de la piste d'Istres, dans les Bouches-du-Rhône, où nous nous rendions souvent en hiver pour profiter des conditions météorologiques favorables. Mais quand même, ça fait c..., les deux réacteurs qui s'éteignent en même temps ! ».

« Surtout que je n'étais plus qu'à cinq cents mètres d'altitude, train d'atterrissage et volets sortis, prêt à me poser sur la piste. Mais là, tout ce que je pouvais faire, c'était de me poser droit devant, la piste, je ne l'atteindrais jamais. Et droit devant, c'étaient les cailloux de la Crau, les gros blocs de rochers...».

« Je m'en suis pourtant sorti indemne, sans un bobo. Un réservoir de carburant, celui qui se trouvait juste derrière moi, avait crevé sous le choc, je baignais dans le pétrole. Eh bien, ça n'a pas pris feu! Quand les secours sont arrivés, j'étais sorti de là. Indemne. Secoué. On m'a emmené à l'hôpital, on m'a fait subir un tas d'examens, mais, bah! je ne pouvais pas être plus tassé que je ne l'étais déjà... J'avais atteint du premier coup mon coefficient de tassement maximum...».

UN PASSAGER RÉCALCITRANT

Pour les profanes, la folle époque de l'aéronautique c'est quoi et c'est qui ? Santos-Dumont et ses sauts de puce à Bagatelle, les frères Wright, Mermoz et l'Aéropostale, Blériot et bien d'autres. Pour beaucoup en effet, la période héroïque qui vit des hommes plus courageux, plus téméraires, moins conformistes que les autres oser s'aventurer dans la troisième dimension, perchés sur des machines bricolées dans des garages avec du bois et de la toile, ou se lancer au-dessus des océans, s'est terminée avec le début de la seconde guerre mondiale.

Car, depuis 1945, le transport aérien, bénéficiant des immenses progrès réalisés pendant le conflit, a bien changé. Il a connu une expansion fantastique, il a tissé entre les continents un réseau de plus en plus serré, gagnant tous les jours en régularité et en sécurité. Il est devenu routine. Mais, loin des routes aériennes devenues boulevards où se croisent quotidiennement à des niveaux différents des milliers d'appareils, l'aventure, parfois, a continué. L'ère des pionniers n'a pas été close pour autant. Dans certains pays qui en étaient encore aux balbutiements de l'industrialisation, des hommes ont affronté une nature hostile et réalisé des prouesses pour assurer des liaisons aériennes avec des moyens de fortune.

Au Gabon, par exemple. Le Gabon, c'est un territoire de 280 000 kilomètres carrés. Une grande région forestière où les arbres gigantesques – dont le précieux okoumé – jouent à touche-touche avec le ciel.

Pays équatorial par excellence, balayé par des tornades qui se forment très rapidement et qui avancent en coup de poing sur des fronts qui font parfois de quatre à cinq cents kilomètres. De transports, point. En 1945, il n'existe qu'une misérable route, celle qui part de Libreville, la capitale, et qui s'enfuît vers le nord. Détrempée par les pluies, elle est le plus souvent impraticable. A cette époque, au Gabon, tout reste à faire.

C'est alors qu'un jeune homme de vingt-deux ans, fraîchement démobilisé des forces françaises combattantes, débarque un beau matin à Libreville. Son ambition : devenir camionneur dans un premier temps. Il s'appelle Jean-Claude Brouillet. L'affaire se développe et, deux ans plus tard, il revient à sa passion qui est l'avion. Il vend alors ses poids lourds et achète son premier appareil, un *Tiger Moth*. Sous le fuselage, il bricole un réservoir auxiliaire pour disposer d'un peu plus d'autonomie et persuade les P.T.T. locales qu'au Gabon, le transport du courrier par voie aérienne vient de naître. Très vite, il se met au travail et parachute aux forestiers vivres, lettres et médicaments.

Brouillet a les qualités qu'il faut pour réussir : une parfaite connaissance du pilotage, un bon sens paysan qui lui fait éviter les pièges atmosphériques et le zeste de folie qui est indispensable à ce genre d'entreprise. Pour lui et ses compagnons, c'est le début d'une longue aventure.

Une aventure qui durera vingt ans et qui sera riche en incidents, graves parfois, souvent comiques.

Jean-Claude Brouillet raconte.

« Nous sommes en 1955 et, à cette époque, notre flotte aérienne se compose de sept *Dragon* fabriqués par De Haviland. Rien à voir, bien sûr, avec les *Jets* d'aujourd'hui bourrés d'électronique. Il s'agissait de bimoteurs entoilés et dont les membrures étaient de bois. Des appareils adaptés à la brousse. Pour leur entretien, on n'avait guère besoin de mécaniciens, mais de charpentiers et d'entoileuses. Notre champ d'action, c'était le Gabon, c'est-à-dire un océan de forêts coupé par le fleuve ».

« A cette époque, nous disposions déjà d'une cinquantaine de terrains pour nous poser. Quand je dis terrains... il s'agissait en fait de pistes en terre battue, hâtivement aménagées par les Travaux publics ou par les forestiers d'après nos directives car on savait exactement ce qu'on voulait. En réalité, ce qu'il nous fallait, c'était, pour l'approche, juste la place de glisser les ailes entre les arbres et ensuite de rouler. Des pistes de 900 mètres, un peu dégagées devant et derrière parce qu'on volait au-dessus de la forêt et que la forêt au Gabon fait cent mètres de haut ».

« Il y avait un terrain à Makoukou, à mille kilomètres de Libreville. Mille kilomètres, cela faisait cinq heures de vol, puisque le *Dragon* se traînait à 180 kilomètres à l'heure. Un jour, le gouverneur qu'il y avait à l'époque, m'a appelé et m'a dit :

– Voilà, est-ce que vous pouvez me rendre un service. Au zoo de Monaco, ils n'ont pas de gorille. Je veux absolument leur faire cadeau d'un gorille. On m'en signale un que je peux avoir mais il est à Makoukou. Est-ce que vous pouvez aller le chercher ?

J'ai répondu :

– Il n'y a pas de problème. Avec plaisir. Le gorille, on va lui trouver une place de choix, fauteuil, "attachez vos ceintures", cigarettes, tout ce qu'il veut ».

« J'étais d'autant plus optimiste que le gouverneur m'avait affirmé que mon futur client était extrêmement civilisé, qu'il était parfait, qu'il était merveilleux, qu'il était gentil, qu'il mangeait à table, qu'il jouait avec les enfants, etc. ».

« Bref, c'était le passager idéal J'ai dit simplement au gouverneur qu'il suffisait de convenir d'une date ».

Un jour, il m'a téléphoné et m'a déclaré :

– *Vous pouvez y aller, c'est prêt.*

« Je me suis envolé le lendemain pour Makoukou, et comme j'étais seul à bord de l'avion qui pouvait transporter huit personnes, j'ai embarqué du fret. Tranquille, j'ai décollé. Voyage sans histoire jusqu'à Makoukou ».

« A peine posé, on a déchargé les caisses et j'ai demandé :

– *Où est le gorille ?*

– *On va vous présenter très bientôt votre futur passager,* me répond-on.

« Le gorille s'appelait Émile. Nous sommes donc allés voir Émile. Nom de Dieu ! J'ai d'abord aperçu une grande cage de fer que le gars avait fait construire derrière la maison. Parce que, tout civilisé qu'il était ce gorille, le forestier le mettait tout de même en pénitence derrière les barreaux quand il n'était pas sage. Il faut dire qu'Émile était une bête qui devait peser déjà entre quatre-vingts et cent kilos, un morceau qui mesurait un mètre soixante de haut et presque un mètre cinquante de large. Un vrai fauve ».

« Quand je l'ai vu, je me suis tout de suite dit que j'étais foutu, que je n'arriverais jamais à transporter ce monstre dans l'avion. Et s'il lui prenait une rogne, là-haut, comment allais-je faire ? Alors, j'ai annoncé au gars que je me refusais en définitive à transporter son gorille comme un passager ordinaire. L'homme a insisté :

–Mais si, mais si, n'ayez crainte, vous pouvez y aller, il est très gentil.

Moi, je me suis obstiné :

–Il est peut-être très gentil, votre Émile, mais il faut le mettre dans une cage, sinon je ne l'emmène pas.

« De guerre lasse, il a lâché avec mauvaise humeur que son boulot c'était de couper ses arbres et que je lui faisais perdre son temps. Puis il a cédé ».

–Bon. OK! On va voir ça, on va lui faire une cage sur mesure.

« Alors, ils ont fabriqué une cage avec des bois et des lianes puis ils ont persuadé Émile d'y entrer ce qui n'était pas une mince affaire. On lui a donné un régime de bananes pour le faire tenir tranquille pendant le trajet et on s'est dirigé tous en procession vers le terrain d'aviation. Le gorille était à peu près calme et donnait l'impression de vouloir voyager paisiblement ».

« Mais au fur et à mesure qu'on approchait de l'avion, il commençait à manifester une certaine inquiétude. A six, on a essayé de mettre le tout dans le *Dragon*. Impossible, ça ne passait pas. On a tout tenté. Petit conciliabule, et puis on s'est dit, bon, on va démonter la cage et la reconstruire dans l'avion. Alors, on a enlevé les sièges et les types ont reconstitué soigneusement la cage dans la cabine. Pour persuader Emile de grimper, ses maîtres sont montés d'abord dans l'appareil, histoire de donner l'exemple. Puis on l'a enfermé et on a amarré le tout. Le gorille était confortablement assis mais sa tête frôlait presque le plafond. Je me suis dis, bon, tout est paré, je peux y aller maintenant ».

« J'ai fait autour de moi les adieux d'usage et je suis monté à mon tour pour gagner le poste de pilotage. Au passage, il a essayé de m'attraper par mon pantalon, je n'ai pas du tout apprécié. Enfin, j'ai réussi à me glisser à ma place et j'ai mis les deux moteurs en route. Tout de suite, le bruit l'a énervé, et à partir de ce moment, il a commencé à trouver que c'était beaucoup moins drôle. Il me regardait fixement et ne me lâchait pas des yeux. Chaque fois que je me retournais, je ne lui voyais que les yeux à ce gorille! J'ai décollé tout de même. Après une demi-heure de vol, Emile me regardait toujours, et il commençait à secouer la cage. En principe, il n'avait pas la place de trop remuer mais il avait réussi en douce à passer un bras à travers les lianes et à bricoler un peu partout ».

« Après il a commencé à enlever des morceaux du tissu qui recouvrait les parois. Puis il s'est attaqué au cuir d'un des deux fauteuils restants. Il le déchirait comme du papier cabinet. Un peu inquiet, je pilotais un œil devant, un œil derrière, et chaque fois que je le regardais, il ne me lâchait pas du regard. Pour me narguer, il passait sournoisement la main dans le trou et continuait son travail de sabotage ».

« Là, j'ai commencé à me faire sérieusement du souci. Car le gorille était en train de démantibuler l'avion. Les événements se sont précipités et se sont aggravées très vite. Émile avait réussi en effet à passer une épaule et il attrapait les montants en bois du « Dragon », à peu près à la hauteur du plan des ailes.

Il a décortiqué le tout, tranquillement, jusqu'à ce qu'il puisse passer la main dehors ».

« Je volais à près de trois mille pieds d'altitude, mille mètres, quoi. Pour tenter de le calmer, j'ai coupé les gaz et j'ai effectué un léger piqué. Plusieurs fois. Quand j'arrêtais le moteur et que j'amorçais la chute, le teint d'Émile devenait grisâtre, il rentrait précipitamment la main et se recroquevillait dans son coin. Là, il ne me regardait même plus. Quand je remettais les gaz, il grognait, me regardait à nouveau et, d'un geste preste, hop! il renvoyait la main en dehors de la cage ».

« On a volé comme ça pendant plus de trois heures et le gorille était en train de démonter complètement le *Dragon*. J'ai vu le moment où j'allais devoir l'éjecter de l'avion d'une façon ou d'une autre, sans quoi j'allais me retrouver tout simplement dans la cage et lui installé dans le poste de pilotage ».

« Finalement, nous sommes quand même arrivés à Libreville mais avec un mètre carré et demi de bois en moins. C'est simple, le trou qu'il avait fait était plus grand que la portière ».

« On n'a même pas eu à l'ouvrir pour sortir le gorille. Ce qui restait de la cage et lui sont passés sans difficulté par la cavité. Il suffisait de pousser. Une fois à terre, ça a été encore une autre histoire. Il était tout à fait fâché et, pour le calmer, on a dû lui donner quelques coups de gourdin sur les moustaches car il manifestait le désir de disparaître dans la forêt toute proche ».

« Un jour, je suis allé à Monaco », dit en conclusion Jean-Claude Brouillet. « J'ai décidé d'aller revoir Émile et je me suis rendu au zoo. Je ne sais pas s'il m'a reconnu mais quand il m'a vu, il m'a regardé au fond des yeux avec, m'a-t-il semblé, un air de profonde rancune. Il n'avait pas oublié son baptême de l'air et apparemment il ne l'avait pas du tout apprécié. Émile était un passager qui avait été, je crois, tout à fait mécontent ».

HISTOIRES D'EAU

A lire chaque année le récit de leurs exploits dans la presse, à entendre ce que l'on dit d'eux à la radio et à la télévision au moment des grands incendies qui dévastent les forêts du Midi de la France ou de la Corse, on pourrait imaginer les pilotes des bombardiers à eau *Canadair* comme des espèces de cascadeurs du ciel[1]. Des adolescents attardés un peu fous, des chevaliers en armure rouge puisque telle est la couleur de leur combinaison de vol (afin qu'ils soient plus facilement repérables, s'ils tombaient à la mer). En fait, ce sont souvent de paisibles pères de famille dont la moyenne d'âge se situe autour de quarante ans. Et qui discutent de leur métier comme des tour-

(1) Le "Canadair" est un bimoteur à hélices conçu spécialement pour la lutte contre le feu. Équipé de roues, il peut utiliser des pistes normales pour décoller et atterrir, mais ces roues sont rétractables, ce qui lui donne alors la possibilité de se transformer en hydravion, son fuselage étant renforcé à sa partie inférieure, comme une coque de bateau. Son équipage se compose de deux hommes, un pilote commandant de bord et un mécanicien.

neurs sur métaux ou des menuisiers des leurs. Sans plus d'emphase, sans plus d'esbroufe.

Ce sont d'anciens pilotes militaires. Et pas n'importe lesquels: ils viennent pour la plupart de l'Aéronautique navale. Question d'aptitude à voler en environnement marin, mais aussi, reconnaissent-ils bien volontiers, esprit de chapelle. Entre anciens marins, n'est-ce pas... Mais les mécaniciens navigants qui volent en leur compagnie sur *Canadair* ne sont pas tous d'ex-membres de l'Aéronavale. Certains sont issus de l'armée de l'air. Du moins, les uns et les autres tirent-ils de leur passé des motifs et des raisons de rire du présent, lorsque celui-ci se révèle par trop maussade.

La salle de repos de la base de Marignane, dans les Bouches-du-Rhône, résonne alors de toutes ces bonnes histoires dont les navigants ne sont jamais avares. Et qui toutes, ici, tournent naturellement autour... de l'eau. Élément naturel des marins comme chacun sait.

Le Golo est mécanicien. Le Golo, ce n'est pas un nom propre, c'est un surnom. Ou plutôt, ce nom désigne un singe d'Afrique, et on en a affublé notre homme le jour où, à la suite d'une fête trop bien arrosée, il s'est perché dans un arbre, exhibant à quelques mètres de hauteur sa tenue de cérémonie!

Le Gallo raconte son histoire. Il se souvient d'un décollage *hydro* (sur l'eau) à bord d'un gros hydravion *Sunderland*.

« Nous avons connu la double panne de moteur.

C'est rare, mais on y était. Certes, notre appareil en comportait quatre, de moteurs, mais avec seulement deux en état de fonctionnement, il convenait d'amerrir, et le plus vite possible. Surtout qu'une odeur de brûlé et une épaisse fumée commençaient d'envahir la cabine. Nous venions de passer le trait de côte, c'est-à-dire que nous avions tout juste pris l'air et ne volions au-dessus du sol que depuis quelques secondes. Le pilote n'a pas hésité, il a fait demi-tour... sans trop forcer sur l'inclinaison, car avec une paire de moteurs en moins, notre machine se traînait plutôt.

« Dès que nous avons amerri, les onze membres d'équipage ont poussé un "ouf !" de soulagement quand la coque a repris contact avec la surface de l'océan. En moins de temps qu'il n'en faut pour le dire, les issues d'évacuation ont été ouvertes et les onze bonshommes ont sauté à qui mieux mieux dans la flotte, gonflant leurs mae-west (gilets de sauvetage), ouvrant les sachets de poudre anti-requin et de fluorescéine[1] et répandant ces substances autour d'eux. Le commandant a alors procédé à l'appel "Un, deux, trois... dix, onze!" Tout le monde était bien là. Aucun disparu. Il ne restait plus qu'à attendre les secours. C'est alors que moi, le plus petit de tous (1 m 64), j'ai quitté la position du nageur en état de flottaison pour laisser traîner mes godasses vers le fond. Et le fond n'était pas loin! Je n'avais même pas de l'eau jusqu'à la taille. Éclat de rire général. Nous qui nous prenions pour des naufragés de haute mer, on s'est trouvés plutôt couillons. La force de l'entraî-

(1) Qui provoque dans l'eau une tache de couleur afin de faciliter le repérage des naufragés.

nement, quand même! Mais quarante secondes après, tout le monde était sur la plage en train de dégonfler sa mae-west... pour que ça ne se sache pas trop ! »

« Et la discipline donc, continue un autre membre d'équipage des *Canadair*. Moi, c'était sur bimoteur *Catalina*, dans le Pacifique. Nous assurions la liaison entre la base-mère et un atoll. Ce jour-là, nous transportions quelques passagers derrière nous, en cabine. Or, parmi eux se trouvait un gars qui avait déjà effectué le trajet et qui donc connaissait le problème, ou en avait du moins l'impression. Il s'était fait fort d'expliquer à ses compagnons de voyage. dont un légionnaire, qu'ils ne devraient surtout pas s'inquiéter si, à l'amerrissage, de l'eau pénétrait dans l'appareil. Celui-ci n'était plus de première jeunesse et des infiltrations étaient toujours possibles ».

« Arrivés à destination, nous avons amerri sur le lagon de l'atoll. Soudain, gros problème. La trappe de la roue avant de notre hydravion – car ce dernier est aussi doté d'un train d'atterrissage – s'était mal refermée. Surprise pour tout le monde. L'hydro ne s'est pas transformé en sous-marin mais quand même, on a pris pas mal d'eau par l'avant ».

« Entre le poste de cockpit et la cabine passagers il existe une porte étanche qui était normalement fermée. Si bien que l'eau n'est passée que très lentement à l'arrière, par deux orifices qui se trouvent dans la cloison de séparation. L'eau montait régulièrement et les membres d'équipage ont quitté le cockpit sans se faire prier. Mais les passagers à qui on avait expliqué qu'ils ne devaient pas s'affoler, qu'ils auraient vraisemblablement les pieds mouillés ne bougeaient toujours pas. Ils trouvaient tout à fait normal d'avoir de l'eau jusqu'aux chevilles, puis aux genoux, à la taille, à la poitrine, jusqu'à ce qu'on leur crie de se barrer. Ce que c'est, quand même, que la discipline... ou l'inconscience ! ».

Aujourd'hui, l'eau est devenue une arme pour eux même si elle leur fournit encore pas mal de sujets de plaisanterie. Une arme contre le feu. Dans la soute de leurs *Canadair*, ils peuvent emmagasiner cinq mille cinq cents litres qu'ils iront ensuite déverser sur les feux. L'opération s'effectue de deux manières, soit au sol grâce à des postes de remplissage sous pression, soit en mer ou sur un lac, un barrage ou un fleuve, le *Canadair* glissant alors sur la surface liquide et profitant de sa vitesse pour forcer l'eau à s'engouffrer dans les deux *écopes* mobiles placées sous le fuselage. Il faut ensuite s'approcher des flammes au plus près, à trente ou quarante mètres de hauteur, à une vitesse de vol bien précise, car si elle est trop rapide, l'eau sera éparpillée et l'effet – qui dépend aussi beaucoup du souffle provoqué par la masse liquide qui est déversée – en sera diminué tout autant.

Cette manœuvre suppose de la part du pilote une connaissance parfaite de l'aérologie, une appréciation immédiate des conditions locales, une excellente habileté manoeuvrière. Et du courage. Tout, en définitive, se résume en une affaire personnelle entre l'homme et le feu.

Le feu... Ils en parlent en termes de combat ou de travail : un chantier (un incendie), un objectif (un point à traiter), un coup au but. En termes respectueux aussi.

« Je ne connaissais pas vraiment le feu avant de venir ici », raconte l'un d'eux. « La région m'était familière puisque j'avais été moniteur à l'école de l'armée de l'air à Salon-de-Provence. Détaché de l'aéronautique navale, je n'avais fait que survoler des incendies... J'étais passé à bord d'un avion à travers le cumulo-nimbus, le cu-nimb qui se forme au-dessus des forêts en feu, mais je n'étais pas motivé comme je le suis aujourd'hui. A la tombée de la nuit, il y a parfois des incendies qui forment une vision dantesque. Le terme semble banal mais c'est exactement cela: l'enfer. Des arbres qui s'embrasent comme des torches, des pommes de pin en feu qui giclent comme des fusées de feu d'artifice ».

« En 1970, un soir d'été, tout brûlait autour de l'étang de Berre. La vue était terrible et féérique à la fois. Mais lorsqu'on pense aux gens qui luttent au sol contre les flammes, on éprouve alors une certaine satisfaction à affronter les flammes, à matraquer ces feux qui détruisent la garrigue ».

« Hélas, nous éprouvons parfois un sentiment d'impuissance, de petitesse. Une sorte de cauchemar, de mauvais souvenir qui est obsédant. Le plateau de Vitrolles, qui est juste là, près de Marignane. Il y avait un type qui vendait du matériel de lutte contre l'incendie. En fait c'était un pyromane, un détraqué. Il avait foutu le feu une première fois vers dix heures du matin, on en était venu à bout assez vite. Puis, nouvelle alerte en milieu de journée. Le mistral s'était levé entre temps. Le mistral, c'est notre pire ennemi. Là, on y a mis deux, puis quatre, puis six , puis huit avions. Le temps était terrible. On reculait devant le feu, on écopait et on larguait sans cesse. Les huit avions ont fait chacun une cinquantaine de largages. A près de six tonnes d'eau chaque fois, cela faisait 2 400 tonnes au total et pourtant nous étions grignotés, nous reculions comme devant une marée ».

« Les petites creux de terrain ralentissaient un peu la progression du feu mais dès qu'il trouvait un plat, il repartait de plus belle... En cinq heures, sept kilomètres de bouffés. La chanson de Brassens sur le chapeau de Mireille, elle est tout à fait charmante, mais quand le mistral souffle à cinquante noeuds (quatre-vingt-dix kilomètres à l'heure)...! Le feu est un fléau mais le vent c'est terrible. Avec les turbulences qu'il provoque, on se fait *tabasser*, secouer, les avions souffrent et nous, on souffre de les entendre souffrir. Nos largages sont moins précis. Dans la fumée et le vent, bien souvent, c'est le bon Dieu qui porte l'avion...».

Pourtant, ce travail à hauts risques fascine. Les équipages des *Canadair* recoivent des lettres de volontaires, pilotes, mécaniciens, jeunes et vieux. Adolescents enthousiastes, sexagénaires guillerets... ou vieille dame qui pose la candidature d'un neveu retraité de l'aéronautique : “Si vous recrutez de bons pilotes, vous devez aussi recruter des bons mécaniciens, de bons metteurs au point pour vos vieux coucous”.

Ainsi se tissent parfois des liens d'amitié avec les correspondants qui écrivent aux pilotes de *Canadair* pour les remercier ou pour leur exprimer leur admiration. Comme ces deux familles qui vivent loin du monde, dans un coin reculé du Var, qui ont remis en état une ancienne propriété et s'avouent heureux, en dépit des coups durs et de l'adversité, citant dans une de leurs lettres ce quatrain devenu leur devise :

Mon âme n'est pas de celles
Qu'un coup du destin
Dissipe soudain
En mille étincelles...

Mille étincelles! Une image que peuvent comprendre les pilotes des *Canadair* qui, en se rendant sur un *chantier*, survolent parfois le domaine où habitent les deux familles avec lesquelles ils échangent une correspondance suivie, fort appréciée, paraît-il, des enfants, qui béent d'admiration devant les *Pélicans*, nom de code par lequel on désigne à la radio les bombardiers à eau.

Mais il arrive que parfois l'activité dess *Canadair* ne soit guère appréciées par quelques mauvais coucheurs, peu soucieux des nécessités qui les motivent.

« Dans la baie d'Ajaccio », rapporte Hubert Bolzinger, un des pilotes, « il y a un coin loti avec de belles résidences et quelques clubs de vacances. Sur une avancée de terrain, le Sheraton, un hôtel de très grand standing entouré de bungalows, avait été construit. Un peu plus au sud, le long de la côte, existe un plan d'eau où, par certains vents, on peut écoper, remplir nos soutes en mer. Le feu s'était déclaré pas très loin de là. Vers une heure de l'après-midi, nous étions deux avions à le combattre et nous écopions toutes les cinq à six minutes environ. Le vent, toujours lui, était assez violent, nous devions agir le plus vite possible. Nous tournions donc, écopage, largage, écopage, largage. La routine, quoi. Mais au bout d'une demi-heure, la tour de contrôle d'Ajaccio nous a appelé pour nous dire :

– *Navré, les Pélicans, mais on me prie de vous transmettre un message de la préfecture. Elle vous demande d'aller écoper ailleurs...*

– *Navrés,* répondons-nous à notre tour, *mais avec ce vent, sur tout le bassin d'Ajaccio, c'est le seul endroit possible!... Désolés, mais on continue.*

– *OK !* dit la tour de contrôle d'Ajaccio, *je vais téléphoner à la préfecture...*"

Cinq ou dix minutes plus tard, nouvel appel de la tour :

– *Encore navrés, mais nous renouvelons notre demande. Il paraît que vous êtes en train de troubler la sieste d'un gars du Sheraton...*

« On nous a expliqué ensuite qu'il s'agissait d'un important avocat parisien, qui avait demandé à la préfecture d'intervenir car nous le dérangions dans son repos. Pardon, dans sa séance de bronzage. Alors là, je me suis fâché. J'ai répondu qu'il pouvait aller... se faire bronzer ailleurs. Et encore j'ai été poli, j'avais envie de lui dire autre chose !...».

La Corse apparaît d'ailleurs comme le lieu privilégié où se déroulent les mini-aventures que connaissent les gens des *Canadair.* Depuis ce pompier qui demandait aux pilotes d'éteindre au plus vite un feu qui faisait rage depuis des jours, "parce qu'il était sur le terrain depuis quarante-huit heures" et qu'il avait envie de revoir sa femme au plus tôt – alors que les équipages, eux, en étaient à leur trente-deuxième jour de détachement sur l'île de Beauté... – jusqu'à cet autre qui guidait les bombardiers à eau et répétait inlassablement d'une voix indolente : "Bon largage! Bon largage !...", alors même qu'aucun largage n'avait eu lieu.

Mais peut-être la fraîcheur de l'apéritif l'incitait-elle à faire preuve d'optimisme ?

« Même les Canadiens n'y ont pas échappé », rapporte un des anciens, un des *moustachus* de la bande. Au début, ce sont des équipages canadiens qui sont venus nous initier à ce travail car ils bénéficiaient déjà d'une grande expérience acquise dans la province du Québec. La première année, ils avaient mené seuls la lutte contre les incendies. Ensuite, nous avons commencé à voler en leur compagnie ».

« Mais un jour, au cours de cette première année, et alors qu'ils participaient à la lutte anti-feu en Corse, on a demandé à l'un d'entre eux d'aller larguer son eau à Appietto. Il faut préciser qu'à cette époque les liaisons radio n'étaient pas les mêmes qu'aujourd'hui, elles devaient emprunter notamment le canal de la tour de contrôle d'Ajaccio. Une source évidente de complications, ou de quiproquos. C'est exactement ce qui s'est passé. De toute évidence, le Canadien n'avait pas très bien compris ce qu'on lui demandait ».

« Appietto... Appietto... Comme il arrivait sur la zone dévastée par l'incendie, il a aperçu un type au sol qui se déplaçait sur une bicyclette. Et qu'a fait notre Canadien ? Pour lui, Appietto ça voulait dire piéton (!) Il a largué de l'eau sur le pauvre gars qui a dû être bien surpris par cette douche! Ce n'est qu'à son retour à la base qu'on a expliqué au Canadien qu'Appietto et piéton, ça n'était pas la même chose et que de toute manière, un piéton ça ne circulait pas à bicyclette ! ».

Parfois, le rire côtoie la tragédie. A moins qu'il ne soit provoqué à la suite d'une tragédie évitée. Car les pompiers qui luttent contre le feu en bas, sur le terrain, doivent eux aussi connaître souvent la peur qui naît d'un flirt un peu trop poussé avec le danger, le risque d'une mort horrible au milieu des flammes.

Mais si les *Canadair* sont là, il leur suffit alors d'appeler à l'aide les *Pélicans* pour que ceux-ci volent à leur secours.

– *Pélican ! Pélican ! arrosez-moi,* suppliait un jour un pompier corse qui était encerclé par les flammes. *Je suis sur le camion rouge, arrosez-moi Pélican !*

Denys Maillot, le pilote, n'avait pas hésité une seconde. Il avait largué ses cinq mille cinq cents litres d'eau sur l'homme, d'une hauteur suffisante pour que la masse liquide, capable de briser net un arbre de dix ou quinze centimètres de diamètre, ne risque pas de broyer l'homme qui appellait au secours.

Deuxième écopage, deuxième largage dans les mêmes conditions.

–*Pélican ! Pélican !* avait appelé à nouveau le pompier d'une voix dans laquelle perçait encore l'inquiétude.

–*Qu'est-ce qu'il y a ?* avait interrogé Maillot, inquiet lui aussi.

– *Pélican, arrêtez d'arroser !* avait crié le pompier avec son inimitable accent corse, *maintenant c'est le camion qui est embourbé !*

Il y a des histoires qui ne s'inventent pas !

LA PURÉE DE POIS

Jamais l'histoire d'une compagnie aérienne n'aura été aussi fulgurante que celle d'Air Inter. Deux chiffres en donnent une idée. En 1962, date du redémarrage de la société après un temps d'arrêt, il y eut cent mille passagers transportés. En 1975, soit quatorze ans plus tard, ils étaient près de cinq millions. Les chiffres n'ont pas cessé de grimper et aujourd'hui, Air Inter a été intégré à Air France.

Retour au tout début de l'aventure. On imagine mal ce qu'il aura fallu à l'époque d'enthousiasme, de courage, de ténacité pour réussir à franchir les obstacles et atteindre de brillants résultats qui au départ semblaient inespérés. La première tâche consista à trouver les crédits nécessaires à la relance de l'entreprise. Ensuite, les difficultés furent d'ordre technique : il convenait de trouver très rapidement sur le marché de l'occasion des avions en bon état de vol qui s'adapteraient aisément aux conditions d'utilisation intensive d'Air Inter. Il fallait également réunir le personnel navigant qualifié. Enfin, et ce n'était pas la tâche la plus mince, il restait à vaincre le scepticisme des fonctionnaires et des Français en général, futurs passagers. Car, dans un pays parfaitement sillonné et desservi par le chemin de fer – tout au moins sur l'axe nord-sud – proposer des liaisons aériennes paraissait une gageure.

Contre vents et marées, l'amiral Paul Hébrard tout d'abord, Robert Vergnaud ensuite, réussirent à persuader les uns et à convaincre les autres. La foi dont faisait preuve cet *ancien* de l'aéronautique navale qu'était l'amiral Hébrard touchait au mysticisme. Son opiniâtreté fit le reste.

Pour gagner, pour faire la preuve que le transport aérien avait une place à se faire dans l'hexagone, il lui fallait se battre sur les tarifs, mettre l'accent sur la sécurité, sur la régularité. Ce dernier point ne manquait pas d'être préoccupant, l'avion étant pénalisé par rapport à la locomotive. Offrir aux voyageurs un important gain de temps constituait une offre séduisante. Encore fallait-il que le passager atterrisse là où il avait prévu d'aller, que sa destination ne soit pas remise en question à la suite de mauvaises conditions atmosphériques.

Bref, pour concurrencer efficacement le rail, il était indispensable qu'Air Inter assurât la même ponctualité que le wagon-couchette. Dans les pays continentaux, l'ennemi *numéro un* du transport aérien demeure le brouillard qui sévit quelques mois par an. Notamment dans le nord de la France. La jeune compagnie, qui en était encore aux balbutiements, voyait décroître sensiblement, d'octobre à janvier, la courbe de fréquentation de ses appareils. Pendant cette période de l'année, les vols déroutés, ou tout simplement annulés au dernier moment, freinaient le développement de la société. D'autant que la clientèle d'Air Inter était composée, à 90 %, de P.-D.G. ou de leurs collaborateurs, désireux de régler leurs affaires dans la journée.

La technique, une fois encore, vola au secours des bilans. En 1961, Sud-Aviation (devenue par la suite la Société Nationale des Industries Aérospatiales, puis Aérospatiale) et la société américaine Lear réussirent après dix ans de recherches à mettre au point, un système d'atterrissage tous temps (A.T.T.) qui permettrait aux *Caravelle* de percer la purée de pois la plus épaisse.

Début 1962 : Albert Dubreuil, commandant de bord à Air Algérie, revient en France avec plusieurs de ses camarades. Ils forment le premier noyau du personnel navigant d'Air Inter.

« A ce moment-là », dit Dubreuil, « la compagnie n'avait pas encore d'avions. Elle acheta alors cinq quadri-turbopropulseurs *Vickers Viscount* dont Air France ne voulait plus. Ils étaient parqués en bout de terrain près d'un vieil appareil qui servait à entraîner les pompiers. L'effectif des navigants s'élevait alors à dix personnes : cinq commandants de bord et cinq pilotes. Nous avons été aussitôt expédiés en Grande-

Bretagne, à Weybridge, pour nous familiariser avec l'avion. En quatre semaines, nous obtenions notre qualification. Le jour de l'examen, chacun pensait profiter de la pause traditionnelle pour refiler des tuyaux aux autres. Malheureusement, nos amis britanniques n'ignoraient pas le goût des Français pour le système "D". Pour une fois, le thé nous fut servi dans la salle des examens. Impossible de tricher ».

Avril 1962 : la compagnie ouvre la première liaison Paris-Clermont-Nîmes et retour. Auparavant, dans une petite salle d'archives sans fenêtres dont il faut laisser la porte ouverte pour avoir un peu de lumière, les commandants de bord et les pilotes poursuivent leur instruction. A l'aide d'une machine à écrire portative louée à Marseille, ils mettent au point le manuel d'équipage d'Air Inter qui renferme les consignes relatives à l'utilisation de l'appareil, aux structures de lignes, etc. Tout est artisanal. Tout est sérieux.

« Il y a trois manières de lancer une compagnie aérienne, précise le commandant Dubreuil. La première suppose que l'on dispose de grands moyens et je l'écarte tout de suite car c'est rarement le cas. Même Air France a commencé avec des moyens artisanaux. Pour les deux autres, l'esprit *pionnier* est indispensable. Leur différence fondamentale vient du sérieux que l'on met à la réussite de l'entreprise ».

Grâce au soutien de l'État, des collectivités locales, d'Air France et de la S.N.C.F., la compagnie ouvre des lignes, de plus en plus de lignes. Mais tous les ans, son élan est freiné dès les premiers brouillards. Les clients désertent. Interrogés par Air Inter, les hommes d'affaires le disent franchement : "L'avion à la belle saison, le train l'hiver". Et puis, c'est le coup de théâtre. 1965 : le salon aéronautique ouvre une nouvelle fois ses portes à l'aéroport du Bourget et le 17 juin, Sud-Aviation présente une *Caravelle* équipée du système d'atterrissage tous temps Sud-Lear.

Au sein d'Air Inter, les responsables sont emballés. Un navigant de la compagnie, le commandant Boudier, ancien pilote d'essais chez Marcel Dassault, effectue le premier vol. Son rapport, le voici :

« Le système que nous avons vu fonctionner semble parfaitement fiable. Les minima accordés sont nettement au-dessus des possibilités techniques actuelles. Le pilote est pleinement averti des pannes possibles, ou simplement des écarts excessifs et peut rapidement reprendre le contrôle. La remise des gaz ne pose aucun problème. La précision des systèmes est supérieure à celle d'un pilote, même bien entraîné. Il n'y a pas de fatigue due à plusieurs étapes ou à de mauvaises conditions de route. Normalement, le système automatique ne doit être utilisé qu'avec des I.L.S. de précision, tels que celui d'Orly, piste 26. Il est toutefois utilisable – la précision est moindre - avec un I.L.S. ancien comme celui du Bourget ».

« En conclusion, nous pouvons considérer, que, dans son état actuel, le système Sud-Lear permet d'abaisser de moitié les minima en parfaite sécurité. D'ici à ce que nous ayons nos propres *Caravelle*, l'amélioration du système permettra d'abaisser encore les minima, sans doute à cinquante pieds (quinze mètres) d'altitude et trois cent cinquante mètres de visibilité horizontale. C'est donc un dispositif qui devrait intéresser au premier chef la compagnie Air Inter pour laquelle la régularité est la raison d'être ».

L'I.L.S. (Instrument Landing System), système d'atterrissage aux instruments, est un dispositif qui permet au pilote de se présenter dans de bonnes conditions pour l'atterrissage, face à la piste, alors qu'il ne la distingue pas encore. A charge pour lui de terminer la manœuvre proprement dite lorsqu'il arrive en vue de cette piste. Pour cela, un ensemble de balises radio-électriques matérialisent l'axe de la piste et le plan de descente que doit suivre l'avion. Il s'agit d'une sorte de rail électronique sur lequel le pilote maintient son appareil.

Dans la cabine de pilotage, sur le tableau de bord, les deux axes de référence sont représentés par deux aiguilles disposées sur un même cadran. La première, verticale, matérialise l'axe de la piste; l'autre, horizontale, indique le plan de descente. L'écart de chaque aiguille par rapport à la position centrale indique l'écart de l'avion par rapport à la trajectoire idéale et permet au pilote d'effectuer les corrections nécessaires.

L'avion suit donc exactement cette trajectoire idéale lorsque les deux aiguilles ont un écart nul, donc lorsqu'elles se croisent à angle droit au milieu du cadran de l'I.L.S. Sur les avions les plus modernes, les deux indications des deux balises radio-électriques au sol sont retransmises à un instrument complexe appelé *directeur de vol*, qui synthétise en même temps la position de l'avion dans l'espace: montée, descente, virage, etc. De ce fait, le pilote n'a plus à passer d'un cadran à un autre pour piloter aux instruments, c'est-à-dire sans vision extérieure. Tous les renseignements qui lui sont indispensables sont rassemblés sur un même cadran. Cependant, même avec l'I.L.S., arrive le moment où le pilote doit apercevoir la piste pour effectuer son atterrissage.

Cette restriction n'a plus cours, du moins théoriquement, avec le système d'atterrissage tous temps (A.T.T.). Avec ce dispositif, en effet, les indications des balises radio-électriques de l'I.L.S. sont envoyées, non plus au commandant de bord par l'intermédiaire du cadran, mais au pilote automatique de l'avion. Celui-ci détermine lui-même les écarts par rapport à la trajectoire idéale et effectue les corrections nécessaires. De plus, une *auto-manette* régule la poussée des réacteurs pour maintenir très exactement la vitesse de l'avion lors de la phase ultime qui précède l'atterrissage.

Enfin, un radioaltimètre de précision fournit des indications de hauteur au-dessus du sol au pilote automatique. Ce dernier peut alors effectuer l'atterrissage complet, sans intervention de l'homme. En fait, à partir de ce schéma très théorique, des règles de sécurité ont été imposées.

Même si le système A.T.T. peut conduire l'avion jusqu'au contact de la piste, et s'il le fait effectivement sur les avions qui sont équipés de ce système, on considère que le pilote doit être capable, en cas de panne inopinée, de reprendre en main son avion pour effectuer la manœuvre de sécurité qui s'impose.

Aussi, des *minima* ont-ils été fixés. Si, à une hauteur déterminée, le pilote n'a pas la vue du sol, c'est-à-dire que s'il n'aperçoit pas les lampes très puissantes qui sont placées en avant de la piste et qui sont allumées par mauvaise visibilité, il doit impérativement remettre les gaz. Mais ces *minima* sont donc beaucoup plus faibles que ceux qui sont imposés sur les avions non équipés de l'A.T.T. On constate ainsi que ce système ne *supprime* pas le rôle du pilote. Bien au contraire, ce dernier voit sa tâche de surveillance renforcée puisque l'A.T.T. permet précisément d'effectuer des atterrissages dans des conditions météorologiques plus sévères qui réclament une attention plus soutenue de la part de l'équipage.

Le rapport du commandant Boudier, après un essai lors du salon du Bourget, est un chant de victoire. Le minima en vigueur dans les compagnies aériennes est de soixante mètres à la verticale. L'abaisser à quinze mètres constituait un progrès fantastique. Finis les déroutements qui coûtent si cher à la compagnie. Le rapport enthousiasme l'amiral Hébrard. Reste à persuader les services officiels, le Secrétariat général à l'aviation civile notamment. Ils fournissent très vite l'aide souhaitée. Air Inter reçoit bientôt le feu vert et des pilotes commençent à effectuer leurs premiers vols avec les spécialistes de Sud-Aviation afin de s'instruire, mais aussi afin de faire évoluer le système, de l'améliorer.

Nous sommes en 1966. Un technicien explique aux pilotes l'art et la manière d'effectuer les réglages de l'A.T.T.

« Voilà », dit-il, « vous prenez une Caravelle, vous la

mettez à l'abri dans un hangar dont vous fermez soigneusement les portes, car il est indispensable que le réglage puisse s'effectuer sans que la moindre oscillation de l'avion vienne compromettre l'opération. Vous mettez l'avion sur vérins de façon à ce qu'il soit bien calé. A ce moment-là, et à ce moment-là seulement, vous commencez le réglage des boîtes noires. Ensuite, quand tout est terminé, vous sortez l'avion du hangar et vous décollez ».

Sur les bancs d'école, les visages reflétent une stupéfaction mêlée d'ironie. Et aussitôt, les objections fusent. Pour ces *opérationnels*, la lourdeur du système leur paraît fort justement pénalisante. Comment prévoir au petit matin qu'il sera nécessaire, un peu plus tard, d'effectuer un A.T.T. sur tel ou tel terrain. Le réglage, estiment-ils, est trop long à réaliser...

Les techniciens s'inclinent, admettent les réserves des futurs utilisateurs et se penchent sur le problème.

« Aujourd'hui, dit Dubreuil, le réglage se fait rapidement en bout de piste à l'aide d'un tournevis. On place une petite aiguille sur une plage d'utilisation et le tour est joué ».

Pendant que les pilotes s'entraînent, les ingénieurs arrivent à abaisser progressivement le minima de visibilité horizontale de 350 à 150 mètres.

Puis, commençe alors une période transitoire, destinée à montrer la fiabilité du matériel. Par beau temps, des dizaines et des dizaines d'approches de terrain sont effectuées afin d'arriver à une réussite de 95 %. Parallèlement, on s'emploie à équiper les aéroports du système permettant l'atterrissage tous temps. Enfin, on définit d'une façon très précise les procédures à effectuer par l'équipage en cas d'anomalie. Parce que le fait d'abaisser le minima vertical de soixante à quinze mètres diminue d'autant, bien entendu, le temps de repêchage.

« Il y avait une chose qui nous tracassait », se souvient le commandant Dubreuil. « C'était l'aspect disons *psychologique* de l'opération. Jusqu'alors, on avait l'habitude de descendre jusqu'à deux cents pieds dans les conditions météo les plus défavorables. Continuer de descendre jusqu'à cinquante pieds dans la purée de pois nous paraissait au début difficile parce que l'on ne s'était entraîné que par beau temps. On se demandait avec un peu d'inquiétude comment ça se passerait la première fois ».

« Après une période intensive d'entraînement, nous avons été autorisés par le Secrétariat général à l'aviation civile à effectuer une véritable approche, aux conditions réelles. Sans passagers, bien entendu. Nous étions trois candidats : Boudier, l'auteur du rapport, Larivière et moi-même. A plusieurs reprises, nous nous sommes précipités à cinq heures du matin à l'aéroport d'Orly, espérant trouver du brouillard. En vain. Il est très difficile de trouver du brouillard quand on en cherche ».

Et puis, un beau matin – c'était le 15 octobre 1968 – on leur téléphone de la tour de contrôle. Le brouillard, leur dit-on, est particulièrement épais et promet de tenir. Dubreuil, Boudier, Larivière et le chef mécanicien Lacombe se précipitent à Orly, s'installent dans la

Caravelle. Dans le cockpit, c'est tout d'abord la litanie de la check-list, puis les trois pilotes s'interrogent. Qui va effectuer le premier atterrissage tous temps ? Comme dans l'armée, le choix se porte alors sur le pilote dont le grade est le plus élevé dans la hiérarchie. C'est Dubreuil qui s'installe en place gauche.

« Décollage sans problèmes. On n'y voyait pas grand-chose, mais nous ne risquions guère de collision puisque le terrain était fermé au trafic régulier. Les responsables de l'aéroport avaient allumé les bandes lumineuses le long de la piste. La visibilité horizontale était de cent cinquante pieds, juste ce qu'il nous fallait pour notre démonstration ».

L'avion prend l'air dans la mélasse, puis vient le moment de la première approche. Dans le cockpit, on aurait entendu une mouche voler lorsque Dubreuil amorce la descente et qu'il franchit la barre des deux cents pieds.

« Je ne sais pas quelles ont été les réactions de mes camarades qui étaient à côté de moi ou derrière moi, dit-il. Je n'avais aucune appréhension parce que je m'étais exercé maintes et maintes fois. Mais tout de même, je me suis posé la question : “Quand est-ce qu'on va voir quelque chose ?” On était là, le nez collé au brouillard alors que l'aiguille de l'altimètre se rapprochait de zéro. Je savais que si je n'apercevais pas la piste, arrivé à cinquante pieds, j'aurais à remettre les gaz pour reprendre de l'altitude ».

Ils sont là, tous les quatre, à guetter les balises. Le réglage de l'A.T.T. semble parfait.

« Soudain », poursuit Dubreuil, « le voile s'est déchiré. Brutalement. Nous disposions d'une visibilité horizontale de deux cents pieds. Devant nous, s'étirait un véritable boulevard. Sur le plan technique, c'était une réussite parfaite. Sur le plan psychologique aussi car nous avions tenu à effectuer notre première tentative sans l'aide des spécialistes de Sud-Aviation. Des précautions élémentaires avaient été prises. Le plein de carburant avait été fait et les aéroports de dégagement avaient été prévus ».

« Sitôt les roues posées sur la piste, j'ai remis les gaz pour reprendre de l'altitude. J'ai laissé ensuite ma place à Boudier qui a effectué un deuxième atterrissage. Puis, ce fut le tour de Larivière ».

Air Inter marquait cette date d'une pierre blanche. En fait, tout commençait. Il fallait encore vaincre quelques réticences de l'administration.

Pour cette dernière, en effet, l'utilisation de ce système devait être réservée à une certaine élite, aux pilotes particulièrement doués. Elle ne souhaitait guère que l'A.T.T. soit généralisé. Pour Air Inter, c'était la catastrophe.

« Si c'est pour faire une petite démonstration de temps en temps, ce système ne présente aucun intérêt. Pour nous c'était tout ou rien ».

Le barrage est finalement franchi. A la fin des années soixante, tous les pilotes d'Air Inter qui volaient sur *Caravelle* ou sur *Mercure*, étaient formés à l'atterrissage tous temps. Après deux cents heures de pilotage de l'un des deux appareils, il leur fallait réussir trente approches par beau temps avant d'être qualifiés. L'instruction était sanctionnée par un examen que faisait passer un représentant de l'organisme de contrôle en vol.

De janvier 1969 à février 1976, les pilotes des *Caravelle* d'Air Inter effectuent 13 955 atterrissages tous temps dont 1121 réels, les autres servant d'entraînement. Cela signifiait que si le système n'avait pas existé, 1121 vols auraient été détournés ou annulés...

Mais avant d'en arriver là on relèvait une certaine hostilité au sein du syndicat national des pilotes de ligne qui regroupe les navigants. Leur crainte : voir la technique l'emporter sur l'homme, le pilote éliminé du système. Pourtant, la preuve avait été faite qu'à tout moment de cette épreuve délicate, le commandant de bord restait maître de la situation, qu'à tout instant il était à même de reprendre les commandes. En plus de ce problème technique, surgissait un problème politique. Il semblait aberrant à l'époque qu'une petite compagnie comme Air Inter osât se doter de ce genre de matériels extrêmement perfectionnés alors que sa grande sœur, la toute puissante Air France, ne s'y intéressait pas. La réaction d'Air Inter fut rapide. Ses responsables organisèrent un référendum auprès des commandants de bord et des pilotes qui avaient adouci leur position puisque le résultat fut favorable. Jour après jour, le nombre des qualifiés A.T.T. allait augmenter.

« Vint alors le premier atterrissage tous temps avec passagers », raconte le commandant Dubreuil.

« Chacun d'entre nous espérait être le premier pilote à l'effectuer. En définitive, ce fut Larivière qui l'a réalisé le 9 janvier 1969. La *Caravelle* avait décollé de Lyon et se dirigeait vers Paris. A l'approche de la capitale, les conditions météorologiques ne s'étaient guère améliorées. Fallait-il prévenir les passagers que le pilote allait atterrir à Orly à l'aide du système A.T.T. ? On s était auparavant posé la question. Et on avait répondu par la négative. Dire au micro : "Vous savez, vous allez atterrir en plein brouillard" n'était pas sage pour deux raisons : tout d'abord parce que le brouillard pouvait être plus important qu'on ne le croyait, obligeant ainsi le pilote à remettre les gaz pour se poser sur un autre terrain; ou bien, le brouillard pouvait diminuer d'intensité et alors on nous aurait pris pour des plaisantins. A ces deux raisons, s'ajoutait une troisième. On ne pouvait savoir de quelle manière les passagers réagiraient lorsqu'on leur annoncerait qu'on plongeait dans la crasse ».

Larivière, donc, se dirige vers Orly, descend tranquillement vers la piste, atteint la limite des cinquante pieds de plafond et pose les roues de la *Caravelle*. A bord, c'est la stupeur parmi les passagers. L'un d'entre eux, député de la Loire, s'appelle Michel Durafour.

Il enverra quelques jours plus tard à Air Inter la lettre suivante : "Je vous adresse toutes mes félicitations pour la réalisation de cet exploit technique qui témoigne de la qualité professionnelle du personnel de la compagnie".

« C'est donc après l'atterrissage », dit Dubreuil,

que l'hôtesse fait une petite déclaration pour annoncer aux passagers que si les *Caravelle* n'étaient pas équipées d'un système A.T.T., ils se seraient posés à Pau, Tarbes ou Bordeaux au lieu de Toulouse par exemple. Généralement, après un coup d'œil à travers le hublot pour tenter – en vain – d'apercevoir quelque chose, les voyageurs éclatent en applaudissements. Ensuite, lorsqu'ils quittent l'avion et qu'ils cherchent leur chemin dans le brouillard, ils se retournent, regardent la *Caravelle* d'un air perplexe avant de repartir. A présent, l'étonnement est moins grand. Air Inter a une clientèle fidèle qui s'est accoutumée à ce genre d'exploit.

Mais il n'y eut pas que les passagers lambda à être impressionnés par le système d'atterrissage tous temps. C'était au cours de l'hiver 1969-1970.

Michel Debré et d'autres personnalités attendaient au salon d'honneur d'Orly l'arrivée du premier ministre, Georges Pompidou, qui revenait de l'étranger à bord d'une *Caravelle* du G.L.A.M. Soudain, on vînt prévenir Michel Debré. Le brouillard trop épais interdisait l'atterrissage à Orly de l'appareil du premier ministre qui était détourné vers l'aéroport du Bourget. “Comment font donc ces avions ?” s'exclama Michel Debré, en constatant que des *Caravelle* d'Air Inter continuaient de se poser. On lui expliqua qu'elles étaient équipées d'un système A.T.T. Il ne restait plus aux voitures ministérielles qu'à prendre à toute allure la direction du Bourget.

L'anecdote fit le tour des milieux aéronautiques... et des autres. Jusqu'au jour où l'Élysée – son nouveau locataire était Georges Pompidou – fit savoir à la direction d'Air Inter que l'histoire était à présent assez connue et qu'il était inutile de la répandre davantage...

MISSION AU BIAFRA

De 1966 à 1970, le Biafra a lutté pour son indépendance. Avec une foi, un courage, un acharnement qui forcent le respect. Aujourd'hui, il y a longtemps que le Nigeria a absorbé les Ibos révoltés, ou tout au moins ce qu'il en est resté après quatre années de conflit, après le génocide perpétré par les Nigérians. Le bilan fut tragique : des centaines de milliers de morts, tués au combat ou sommairement abattus dans les villages, des prisonniers carbonisés au napalm par colonnes entières, des femmes violées puis éventrées, des enfants fracassés au sol ou morts de faim. La famine, disaient avec cynisme les autorités du Nigeria, est une *arme légitime*...

A présent, qui se souvient de cette guerre atroce? Pourtant, elle est une tâche indélébile pour nos bonnes consciences occidentales. Pour les gouvernements qui ont choisi d'aider Lagos à écraser ses adversaires, c'est la honte. D'autres ont préféré rester neutres, refusant de se ranger du côté des massacrés. Les derniers, enfin, ont courageusement fourni de l'aide parfois officiellement comme ce fut le cas pour des États africains : le Gabon, la Côte-d'Ivoire, la Tanzanie, etc., souvent officieusement, à la petite semaine.

En définitive, le Biafra aura été pendant plus de quatre ans le champ d'action des agents très spéciaux et des profiteurs de guerre pour qui tout nouveau conflit est un nouvel Eldorado. De *bonnes affaires*, il s'en est fait beaucoup. Citons pour mémoire ce vieux bombardier de la guerre 1939-1945, acheté pour la somme de 50 000 dollars et qui aura coûté en définitive 200 000 dollars au chef biafrais, le colonel Ojukwu. Le temps de lui présenter la facture.

Mais au Biafra, il n'y eut pas que des aventuriers avides, il y eut aussi des hommes et des femmes qui n'étaient pas venus chercher fortune, qu'avait émus l'agonie de tout un peuple. Eux se souviennent. Peut-être, avec le recul, estiment-ils à présent que l'aide qu'ils ont pu apporter a peut-être prolongé l'agonie d'un pays qui a fini par mourir. Mais, du moins, n'ont-ils pas à rougir de leur action.

Parmi eux, des pilotes. Pour continuer de lutter et pour survivre, le Biafra avait un besoin urgent de vivres, de médicaments. D'armes et de munitions aussi. Le problème numéro un restait l'acheminement de toutes ces caisses qui s'accumulaient un peu partout dans les hangars des aérodromes et sur les quais.

Pour les organisations charitables de plusieurs pays qui s'employaient à procurer aide et assistance au Biafra, il était urgent de trouver des avions et des pilotes.

La Croix-Rouge française avait rassemblé un stock de vivres à Libreville, au Gabon. En tout, trois cents tonnes de lait en poudre, de poissons et de viande séchée. Toutes ces denrées avaient été recueillies à la suite d'une campagne lancée sur les ondes et qui faisait appel à la générosité des Français. Cet appel n'avait pas été vain. Les fonds ramassés s'élevaient à près de sept millions de francs et des entreprises d'alimentation avaient fourni des vivres. Avec l'argent, la Croix-Rouge avait complété le chargement en achetant notamment du lait pour les enfants.

Le tout avait été acheminé par bateau à Libreville et les caisses attendaient sur le quai que des avions les emportent vers leur destination finale. Mais, quels avions ? La Croix-Rouge s'était adressée à Air France et à l'U.T.A. pour que les deux transporteurs fournissent les appareils et les équipages. La saison d'été battait alors son plein et les deux compagnies s'étaient fait tirer l'oreille. La C.R.F. avait alors entrepris de prospecter du côté des petites sociétés. L'une d'entre elles, Air Fret, possédait bien des quadrimoteurs à hélices, un *Super-Constellation 1049* et des *DC4*(1). Ce qui leur faisait défaut, c'était des équipages qualifiés sur le *Super-Constellation*. Là encore,

(1) Successeur du légendaire DC-3, bimoteur de transport fabriqué à plus de 10 000 exemplaires, le DC4 est un quadrimoteur fabriqué par la société Douglas à Long Beach (Californie) qui entra en service juste à la fin de la Seconde Guerre mondiale.

nouvelle prospection. Et l'on se souvint qu'avant de posséder des Jets, Air France exploitait des *1049*.

Parallèlement, plusieurs navigants de la compagnie nationale s'étaient manifestés auprès des diverses organisations désireuses de venir en aide au Biafra, déclarant qu'ils étaient volontaires. Pour faire quoi ? Pour faire quelque chose. C'est ainsi qu'un commandant de bord de la compagnie, Jean-Marie Chauve, entend parler des difficultés auxquelles se heurte la Croix-Rouge.

Dans le milieu des navigants, ce sont des choses qui se savent vite. Le pilote s'enquière alors auprès du ministère français des Affaires étrangères pour sentir le vent. Il y reçoit un bon accueil. On l'encourage et on le presse d'agir, les vivres risquant d'être détériorés sous l'effet du climat équatorial du Gabon. Mais Air France ? Le Quai d'Orsay intervient auprès de la compagnie et obtient qu'elle libére des équipages.

Les navigants savent à présent qu'ils ont le feu vert du gouvernement français. Ils ne seront pas des inconnus, des mercenaires. Mais ils posent une condition: ne transporter que des vivres. D'ailleurs, leur premier soin en arrivant à Libreville fut de demander – et d'obtenir – qu'une croix rouge soit peinte sur le fuselage de l'avion.

Alors, tout se précipite.

La série des *Constellation* a été conçue en 1939, à la demande de la compagnie aérienne TWA, par la société Lockheed dont le siège est à Atlanta (Géorgie).

« Le 6 septembre 1968, je me trouvais à Orly, au siège du Syndicat national des pilotes de ligne », raconte André Gréard qui était alors commandant de bord à Air France. « C'était un vendredi. Jean-Marie Chauve me téléphone et me demande si je suis prêt à partir pour le Biafra dès le lendemain avec le "Super-Constellation" d'Air Fret. Il y avait huit ans que je n'avais pas piloté ce type d'appareil, mais ma qualification était toujours valable. Chauve, en revanche, en avait récemment pris les commandes. Notre officier mécanicien devait être Diou. Je répond que je suis tout à fait d'accord ».

« Mais, avant de partir, il nous fallait régler plusieurs problèmes dont l'un était majeur, celui de l'essence, et nous verrons qu'il nous empoisonnera l'existence pendant tout notre aventure au Biafra. En effet, le *Super-Constellation* ne fonctionne pas au kérosène comme c'est le cas pour les avions à réaction. Il lui faut de l'essence particulière, très raffinée, dont le degré d'octane est 115-145. En 1968, il devenait difficile d'en trouver sur les aéroports ».

Pour l'équipage qui vient d'être formé, il est donc indispensable de préparer avec un soin tout particulier le trajet Paris-Libreville et d'organiser le parcours en fonction des dépôts d'essence qui peuvent exister sur sa route. Le soir même, Gréard se rend chez M. Collin, propriétaire d'Air Fret, qui avait fait du transport aérien en Indochine. La conversation est brève.

– *Bon, eh bien, vous partez demain. On vous prête l'avion et vous vous débrouillez,* dit-il au pilote.

La société n'ayant pas de carte de crédit, Collin sort d'un tiroir une liasse de dollars, six mille en tout, afin que l'équipage puisse payer l'essence au cours des différentes étapes. Il la donne à Gréard. Air Fret s'arrangera ensuite avec la Croix-Rouge.

« Le samedi matin, reprend Gréard, nous nous sommes tous retrouvés de nouveau à Orly où nous attendait le *Super-Constellation F-BRAD* qui avait fait les beaux jours d'Air France plusieurs années auparavant. L'équipage est donc composé de Chauve, de Diou et de moi-même. Nous avions un passager, M. de Farcy, qui représentait l'Ordre de Malte. A 14 heures GMT (15 heures, heure française) nous décollons en direction de Tripoli qui devait être notre première escale, car nous n'avions pas assez d'essence pour gagner d'une seule traite Douala, au Cameroun. Les soutes sont pleines à ras bord de lait en poudre. Plus de douze tonnes ».

Au-dessus de la Méditerranée, les deux pilotes prennent contact avec le contrôle de Tripoli. Les Libyens, un peu surpris par ce vol d'un genre particulier (plus tard Chauve et Gréard friseront souvent l'illégalité en survolant le Tchad, par exemple, ce qui était strictement interdit, ou en trichant quelque peu avec les plans de vol), les Libyens, donc, demandent au *F-BRAD* ce qu'il vient faire et ce qu'il désire. Les pilotes précisent qu'il s'agit d'une escale technique, qu'ils désirent faire le plein d'essence et qu'il leur faut de la 115-145.

Au bout de quelques minutes, la réponse est négative, il n'y en a pas à Tripoli. C'est la catastrophe. Les pilotes se concertent. Rebrousser chemin et se poser sur le territoire français ? Il n'en est pas question. Ils cherchent fébrilement dans la documentation qui leur a été fournie avant leur départ d'Orly et découvrent qu'ils peuvent en principe en trouver à Malte. Chauve n'hésite pas. Il met le cap sur l'île et pose l'appareil sur le terrain de Luqua. De l'essence 115–145, il y en a. Gréard demande qu'on fasse les pleins, paie *cash* et prépare le plan de vol pour se rendre à Douala où il sait qu'il existe d'importantes réserves du carburant qu'il leur faut, les seules existantes dans ce coin d'Afrique avec celles de Bata. A Libreville, en revanche, il n'y en avait pas. C'est donc Douala qui jouera, pendant les vingt-cinq jours que durera la mission de l'équipage au Biafra, le rôle de plaque tournante. Mais chaque fois qu'ils s'y poseront, Gréard et Chauve seront prudents, mettront les formes. Car le cœur camerounais penche plutôt du côté nigérian. Pour tout sauf-conduit, ils disposent d'un sésame signé par Bernard Lathière du Secrétariat général de l'aviation civile qui leur accorde toutes dérogations d'ordre opérationnel, leur permettant de transgresser les normes en vigueur.

Le *F-BRAD* décolle de Luqua et prend la direction du Cameroun.

Il y arrive neuf heures plus tard après que les pilotes aient fait un peu de navigation astrale, les moyens radio du *Super-Constellation* n'étant guère perfectionnés.

« Quand nous nous sommes posés à Douala », reprend Gréard, « on nous a regardés avec des yeux ronds. Air Fret était, là-bas, totalement inconnu. L'accueil n'a pas été chaleureux, il ne le fut guère d'ailleurs lors de toutes les escales que nous avons pu faire sur ce terrain au cours de notre séjour en Afrique. Pour disposer dans la capitale camerounaine de ce précieux carburant qui faisait défaut à Libreville, notre aérodrome de départ, nous devions tous les jours, ou presque, aller chercher les responsables dans leur bureau les harceler pour qu'ils consentent à nous servir. Nous étions un peu des pestiférés. Enfin, avec un peu de diplomatie, on y arrivait tout de même ».

Gréard et Chauve prennent la précaution au cours de cette escale d'emporter suffisamment de carburant pour pouvoir assurer sans difficulté leur première rotation sur le Biafra. Là encore, ils payent comptant grâce aux dollars remis la veille par le propriétaire d'Air Fret. Et le lendemain matin, dimanche 8 septembre, le *Super-Constellation* s'élance sur la piste et pique vers le sud, vers le Gabon. A son arrivée à Libreville l'attendent des représentants de la Croix-Rouge française, ceux de l'Ordre de Malte et l'attaché militaire français, le colonel Merle, qui jouera tout au long de leur mission un rôle primordial.

Gréard, Chauve et Diou tiennent aussitôt un conseil de guerre avec Merle. Ils s'enquièrent de la situation car, en raison de leur départ précipité de Paris, ils n'avaient guère eu le temps de peaufiner les détails.

Ce qui ne les étonnera guère, c'est d'apprendre que les Biafrais, s'ils souhaitent recevoir des vivres pour sauver les nourrissons de la famine, désirent avant tout qu'on leur envoie des fusils, des munitions, des bazookas pour résister aux harcèlements du général nigérian Gowon. Mais l'équipage est formel, ce genre de transport n'est pas leur affaire. On ne le lui demandera d'ailleurs pas. De plus, un système de livraison d'armes est déjà en place.

Toutes les nuits, en effet, des avions en provenance de Libreville et de Sâo Tomé effectuent régulièrement des rotations et déposent sur les terrains du Biafra des caisses particulièrement lourdes. Des avions fantômes, sans immatriculation (certains arborent une croix rouge), pilotés par des navigants ramassés un peu partout de par le monde et payés à la mission, 600 dollars. A l'époque c'est une jolie somme. Gréard fera ainsi la connaissance d'un pilote qui vole avec une licence étrangère et qui réussira à gagner en un mois plus de vingt-trois millions d'anciens francs.

Le commandant de bord retrouve aussi la trace de Languillaume. Pour tous les navigants français, Languillaume était loin d'être un inconnu. Alors pilote d'Air France, il avait fondé une société de gestion et de soutien du personnel navigant, la Sogestra qui avait fait de mauvaises affaires.

« Certains émissaires très spéciaux », dit Gréard, « cherchaient alors un pilote de *Super-Constellation* pour transporter des armes au départ de Lisbonne vers Enugu, la capitale du Biafra, via Sâo Tomé. On a proposé le boulot à Languillaume. Il a sauté sur l'occasion et a accompli avec succès plusieurs missions. Sa fin a été tragique. Un soir, il dînait à Enugu avec des Biafrais. Ces derniers venaient d'hériter d'un *Fokker F-27*[1] et ils brûlaient d'envie d'utiliser leur avion sur le champ pour aller bombarder Lagos. Avec un avion de transport..! Mais il leur manquait un pilote. Après le dîner, qui fut sans doute bien arrosé, Languillaume a fait des offres de service. Alors, tout le monde s'est rendu au terrain et ils ont chargé le *F-27* de bombes artisanales fabriquées au Biafra. Euphoriques, ils ont décollé vers la capitale nigériane avec la ferme intention de réduire en cendres le palais présidentiel ».

« Le lendemain, le journal local de Lagos annonçait avec photo à l'appui, qu'un héroïque soldat avait descendu un avion ennemi à coups de fusil. En fait, les bombes artisanales avaient dû être maladroitement lancées par la porte passagers située à l'arrière et l'une d'entre elles avait dû exploser en heurtant l'empennage. Il n'y avait pas eu de survivants ».

Tout cela, Gréard ne le saura que plus tard. Pour l'heure, l'équipage entoure le colonel Merle qui leur expose la situation devant une carte.

Port-Harcourt est tombé aux mains des Nigérians, Enugu également. Il reste donc deux terrains possibles qui sont situés tous les deux au centre de ce qui reste du Biafra, une poche de cent cinquante kilomètres de long sur cent de large. Au nord, c'est Obi, qui n'est plus qu'à quinze kilomètres du front. Plus à l'ouest, près du Niger, c'est Uli.

(1) F-27 - Friendship. Bîturbopropulseur fabriqué par Fokker (Pays-Bas) et par Fairchild Hiller aux Etats-Unis sous licence. Avion de transport pouvant embarquer quarante passagers. Cet appareil, vendu à plus de 700 exemplaires, vole sous tous les cieux du monde.

« Ces terrains, explique Gréard, étaient en fait deux routes nationales, deux portions de ligne droite. Ils étaient balisés par des *Gooseneck*[1], système qui avait été utilisé en France pendant l'occupation pour marquer les terrains de fortune destinés à accueillir les avions qui venaient discrètement d'Angleterre. C'est une sorte d'arrosoir, rempli d'essence, qui se termine par une mèche à laquelle on met le feu. En bref, cela ressemble à la grosse lampe à pétrole de nos grands-mères. Derrière chaque *Goose-neck*, il y avait un Biafrais qui l'allumait dès la nuit tombée, prêt à l'éteindre à la moindre alerte. Sur le bord d'une piste, cela donnait une petite flamme que la fumée rendait tremblotante ».

Les moyens radio ? Merle n'est guère rassurant. "Ils sont", dit-il, "faibles et peu nombreux". Sur chacun de ces deux *aéroports*, les Biafrais avaient installé un *Beacon*, c'est-à-dire une balise moyenne fréquence qui émet dans la bande des 300 kilocycles et qui est captée, à bord de l'avion, à l'aide d'un radio-compas. Il indique la position de l'émetteur par rapport à l'appareil. Moyen fruste si on le compare aux systèmes perfectionnés qui sont utilisés de nos jours. Mais, en définitive, les deux pilotes s'en contenteront aisément, une fois l'expérience faite lors du premier atterrissage à Uli.

« Avec le *Beacon* », dit Gréard, « nous avons pu faire des approches sans difficulté majeure. En fonction de la position de la balise par rapport au terrain que

(1) Cou d'oie.

nous connaissions, on pouvait réaliser une procédure autour de cette balise et arriver dans l'axe de la piste. Approximativement, tout au moins. Ce n'était pas une science exacte comme l'est l'I.L.S.[1]. Mais, même sans être très précis, le système permettait d'effectuer des pertes d'altitude pour arriver en bonne position lors de la finale. Avec ce genre de balise, on réussissait à poser le *Super-Constellation* – 50 tonnes, s'il vous plaît – avec un plafond de cent cinquante mètres seulement, ce qui est fréquent dans cette région. Heureusement le pays est plat. Autour d'Ulî, il n'y avait que des arbres ».

Merle indique ensuite le cheminement possible après le décollage de Librevilie. Après le survol de Douala, nous indique-t-il, il faut piquer vers le nord puis virer sur la gauche pour arriver sur le Biafra par l'est. Ce circuit à angle droit est rendu nécessaire en raison de l'omniprésent mont Cameroun, haut de 14 000 pieds (4 000 mètres) qui représente un danger pour les avions à hélices qui s'essoufflent à prendre de l'altitude.

Ce trajet est recommandé car, leur dit-on, la D.C.A. est moins agressive sur le front de l'est. Mais cette route passe à la verticale de Douala où se croisent d'une part les appareils réguliers, en circulation normale et qui restent en liaison avec le contrôle local, et d'autre part les avions fantômes que les Camerounais

(1) Instrument Landing System (système d'atterrissage aux instruments). L'I.L.S. donne des indications sur un récepteur du tableau de bord. Une aiguille indique Si l'avion se trouve à gauche ou à droite du faisceau directeur. Une autre situe l'appareil au-dessus ou au-dessous du faisceau de descente.

veulent ignorer et qui voyagent sans autre signalement que les feux de position : des feux qui sont d'ailleurs éteints quelques minutes après avoir dépassé Douala... Par précaution.

Reste enfin à régler le problème que pose cette fameuse essence 115-145 qu'on ne peut trouver qu'à Douala ou à Bata, port de la Guinée équatoriale qui était encore territoire espagnol à la veille d'accéder à l'indépendance. A Libreville, en effet, on ne trouve que de l'essence 100-130 dont le degré d'octane convient parfaitement aux *D.C.4* de Transgabon mais pas au *Super-Constellation.* A l'extrême rigueur, Chauve et Gréard peuvent l'utiliser mais il faut alors faire fonctionner les moteurs en *autoriche* ce qui provoque de longues flammes orangées de plus d'un mètre de long, derrière les pipes d'échappement.

Volant au cœur de la nuit, en région hostile, les pilotes préfèrent, on s'en doute, conserver un certain anonymat. Au cours de la dernière guerre, c'était l'une des formes de repérage utilisée par les chasseurs de nuit pour abattre les bombardiers.

Entre Libreville et Douala, il y a une heure de vol et une heure trente entre Douala et le Biafra. Douala sera donc le lieu de passage obligé – nous verrons que les deux pilotes essaieront Bata mais qu'il leur arrivera quelques mésaventures – et afin de ne pas perdre trop de temps à compter les dollars lors de leurs passages répétés dans le port camerounais, Gréard demande une carte de crédit au nom de la Croix-Rouge pour payer les pétroliers. Il l'obtient très vite. Ensuite, les pilotes dressent leur plan de bataille et calculent le tonnage de fret qu'ils pourront emporter à chaque voyage. Du fait qu'ils auront à parcourir le triangle Libreville-Douala-Biafra et retour sur Libreville, ils ne chargeront à chaque décollage de la capitale gabonaise que douze tonnes, au lieu des quatorze que peut emporter dans ses flancs le *Super-Constellation.*

« Puisqu'il fallait tricher pour ménager la susceptibilité du Cameroun, nous allions tricher », dit Gréard. « Avec Jean-Maris Chauve, nous décidons d'inscrire sur notre plan de vol Libreville-Douala que nous effectuons une mission d'entraînement. Une fois les pleins faits à Douala, nouveau plan de vol sur lequel nous affirmons également que nous allons réaliser une autre mission d'entraînement, en direction de Libreville cette fois. Lequel exercice nous prenait quatre bonnes heures puisqu'il fallait le plus discrètement possible faire un crochet vers le Biafra, atterrir, décharger nos caisses et retourner au Gabon ».

« Dans notre horaire, nous comptions large mais toutes ces manœuvres demandaient un certain temps. Un jour, les autorités aéronautiques camerounaises nous ont même portés disparus. Au départ de Douala, nous avions donc annoncé comme à l'accoutumée notre intention d'effectuer un vol d'entraînement qui devait durer quatre heures ».

« Les réglementations internationales exigent qu'au délai fixé dans le plan de vol, qui précise l'importance du carburant embarqué et donc l'autonomie, l'équipage de l'appareil signale qu'il est bien arrivé à destination, faute de quoi, après un certain laps de temps qui tient compte de l'épuisement du carburant, l'aéroport d'où a décollé l'avion lance aussitôt un avis de recherches. Que s'est-il passé cette nuit-là à Uli ? Le déchargement a dû traîner en longueur et nous ne sommes repartis qu'aux premières lueurs de l'aube. Or, depuis un certain temps, l'aéroport de Douala avait contacté celui de Libreville, lequel avait répondu sans réfléchir que nous manquions à l'appel. Cet incident a été à l'origine d'un petit conflit qui fut heureusement apaisé grâce à l'efficacité du colonel Merle. C'est ainsi que l'avis de recherches lancé par Douala ne figure plus sur les registres. De même, l'attaché militaire français de Libreville interviendra auprès des autorités du Cameroun pour qu'elles ferment les yeux sur ces missions d'entraînement qui se répétaient tous les jours, ou presque ».

La première mission : il est 17 h 38 G.M.T. (18 h 38 locale), ce lundi 9 septembre, lorsque le *Super-Constellation*, rebaptisé Alpha Golf 1 (les initiales correspondent à celles d'André Gréard), décolle de la piste de Libreville. Dans les soutes, douze tonnes de vivres. Il fait encore jour mais c'est sans importance puisque la première étape leur fait survoler un terrain neutre jusqu'à Douala.

André Gréard et Jean-Marie Chauve préfèrent partir assez tôt dans l'après-midi afin de ne pas arriver parmi les derniers sur l'aéroport de fortune d'Uli.

On leur avait dit, en effet, que dix à vingt appareils effectuaient toutes les nuits une rotation en provenance de Libreville mais aussi de São Tomé, de

Lisbonne, de Fernando Poo. La plupart du temps, avec des chargements d'armes. Aussi, les pilotes souhaitent-ils éviter la cohue afin d'être déchargés les premiers. Il fallait donc bien calculer son coup pour survoler le Biafra dès la nuit tombée et rentrer relativement tôt à Libreville afin de prendre un peu de repos.

« Il est bien évident », précise Gréard, « que ces ponts aériens ne s'effectuaient que la nuit. De jour, c'eût été impossible, la chasse nigériane était beaucoup trop efficace. Elle disposait notamment d'avions soviétiques *MIG* pilotés par des Britanniques et par des volontaires venus des pays de l'Est(1). La nuit, en revanche, ils hésitaient beaucoup à se manifester. Peut-être par peur des orages qui éclatent dans ces régions tropicales. Il se disait à Libreville parmi les pilotes que ces mercenaires venaient de pays où l'on n'avait guère l'habitude de voler par très gros temps. Donc, nous ne redoutions pas, avec notre *Super-Constellation*, de nous trouver nez à nez avec un avion de combat. Le jour, en revanche, il ne restait plus aucun appareil sur les deux terrains du Biafra car ils auraient été immanquablement détruits. Les Biafrais prenaient même le soin de recouvrir les pistes avec des branchages afin de les dissimuler aux yeux des chasseurs nigerians ».

« Pourtant, une nuit à Uli, nous avons bien failli ne

(1) Tous les avions fabriqués en U.R.S.S. sont personnalisés. Ainsi, IL pour Ilhouchine, AN pour Antonov, TU pour Tupolev, MIG pour Mikoyan. Ce dernier a conçu toute une famille d'avions de combat. Le dernier en date étant le MIG 25, biréacteur qui vole à plus de 3 000 kilomètres à l'heure.

pas décoller. Le *Super-Constellation* est un assez bon avion mais ses moteurs avaient été poussés et il y a des turbines sur les échappements. Ce sont des sujets de pannes et nous avons eu beaucoup d'ennuis avec ces turbines qui demandaient des soins vigilants de la part de nos mécaniciens, Diou d'abord, Rivière ensuite. Une nuit, au moment de repartir pour Libreville, une pompe hydraulique est tombée en carafe. Rivière a bien essayé de réparer la fuite mais en vain. L'aube approchait. Rester sur le terrain équivalait à un suicide. Nous avons donc décollé avec une pompe hydraulique en moins, ce qui était dangereux, car les commandes y sont reliées. En effet, sur le *1049*, il y a quatre pompes hydrauliques. Deux à gauche pour la mise en pression du circuit primaire destiné aux gouvernes et deux à droite pour la mise en pression du circuit secondaire qui commande la manœuvre des freins, du train d'atterrissage, des volets. C'était une pompe primaire qui nous avait lâché. Nous avons repris l'air avec une sécurité réduite de 50 % ».

« Un peu plus tard, la D.C.A. nous a tiré dessus. Mais les tirs étaient un peu courts, les obus éclataient à 10 000 pieds et nous volions juste en peu au-dessus. On apercevait les petites lueurs orangées, c'est tout ».

Pour ce premier voyage au-dessus du Biafra, Gréard et Chauve bénéficient d'une nuit noire et le temps est superbe.

Un *temps de curé*. Chauve, plus habitué au pilotage du *Super-Constellation* est en place gauche, aux commandes. Gréard fait la navigation. Les deux pilotes alterneront à chaque rotation. Le code appel pour interroger la tour de contrôle de fortune et le code réponse fonctionnent de façon satisfaisante. Petit virage l'avion fait une approche parfaite du terrain d'Uli et pose délicatement ses roues sur la route baptisée piste qui frôle les 2 500 mètres, ce qui est largement suffisant pour le *1049*.

« Rien à voir, bien sûr, avec les terrains auxquels nous sommes à présent habitués. On atterrissait indifféremment dans un sens comme dans l'autre car, sous les climats tropicaux, la nuit, lorsqu'il n'y a pas d'orage, le vent est généralement faible. En fait, pour nous, les vraies difficultés commençaient au sol. Il n'y avait pas de bretelle de dégagement, de taxiway, Si bien que l'on était contraint de se poser par-dessus les avions qui nous avaient précédés et qui étaient en train de décharger. C'est simple, lorsqu'on atterrissait dans un sens, on se parquait à l'autre bout ».

« C'était un spectacle extraordinaire », ajoute Gréard. « Pour pallier cette absence de dégagement qui rendait nos évolutions au sol particulièrement délicates, les Biafrais avaient tout de même aménagé des petites alvéoles à chaque extrémité du terrain. Des abris de fortune qui exigeaient de la part des pilotes une certaine adresse pour y parquer des avions tout de même assez gros comme les *DC-3*, *DC-4*, *DC-7* et *Super-Constellation* ».

« Lorsqu'il n'y avait plus d'alvéoles de disponibles, on se garait aux deux bouts de la piste en se serrant au maximum, en encastrant les avions les uns dans les autres afin de laisser le plus de place possible aux retardataires. Au moment du départ, ce n'était guère facile de défaire tout cela. Un vrai sac de nœuds. L'astuce suprême consistait à trouver, en arrivant, un endroit suffisamment dégagé pour ne gêner personne lors des manœuvres du départ. Un travail d'orfèvre ».

Une autre astuce consiste à emporter dans son chargement une caisse de bouteilles de bière, dont les Biafrais sont très friands, afin d'être pris en charge parmi les premiers. Au début, faute de main-d'œuvre, Chauve et Gréard doivent décharger eux-mêmes les douze tonnes de lait en poudre. L'un se plaçait au fond de la cabine et poussait les caisses jusqu'au rebord, l'autre les balançait à terre. Quelques jours plus tard, les deux hommes font fabriquer à Libreville une glissière afin de faciliter l'opération. De plus, ils embarquent à chaque voyage une caisse de Kronenbourg.

Le premier soir, l'Alpha Golf-I est parqué à l'extrémité sud de la piste. Au sol, il y a déjà cinq à six avions, dont les *DC-3* anonymes spécialisés dans le transport des *sulfateuses*. Pas trop collés les uns aux autres dans le cas, tout de même, où la chasse ferait son apparition, car un coup au but aurait provoqué un magnifique feu d'artifice.

Il y avait aussi le *Super-Constellation* d'un Américain, Hank Wharton. Une figure, ce Wharton. Au moment où Gréard, Chauve et Diou viennent à peine d'arriver au Biafra, l'Américain trouve que la chasse et la D.C.A. nigérianes sont de plus en plus efficaces (trois appareils ont disparu au cours de cette période, dont un de la Croix-Rouge internationale). Von Rosen, cet extraordinaire baron suédois qui arma de roquettes cinq petits monomoteurs d'entraînement et qui eut le culot de s'en servir pour mitrailler les positions nigérianes, évoque dans son livre *Le ghetto biafrais* une réflexion de Wharton qui venait d'être *allumé* par les canons des troupes de Lagos : « J'ai fait plus de soixante raids au-dessus du Japon pendant la guerre », lui disait Wharton. « Si je dis qu'il est impossible de voler jusqu'au Biafra, c'est que c'est vrai. J'ai vu des fusées et j'ai juste eu le temps de rebrousser chemin. Essayer de passer, c'est du suicide ».

Gréard et Chauve bénéficient-ils d'une accalmie ? De toute manière, ils continuent d'assurer leur mission sans trop se soucier des canons Bofors. Des avions de transport fantômes, bourrés de caisses d'armes font de même. Certaines avaient été déchargées quelques heures auparavant à Libreville par des avions qui provenaient d'horizons divers, Gréard avait aperçu le *Boeing 707* tout cargo d'Air France et même le *DC-8* du général de Gaulle, piloté par les équipages du G.L.A.M. (1).

Au cours de ce premier raid sur Uli, Gréard fait un calcul. Trois cents tonnes de fret à livrer au Biafra à raison de douze tonnes par voyage, cela demande vingt-cinq jours. Le contrat sera respecté, ou presque. Une nuit cependant, le *Super-Constellation* ne pourra atterrir.

« Pendant trois jours, le terrain d'Uli avait été

(1) Groupement des liaisons aériennes ministérielles.

fermé parce que le front s'était rapproché. Les Nigérians avaient réussi une percée en surgissant le long du Niger et les lignes n'étaient plus qu'à sept kilomètres. On nous a donc demandé de déposer nos marchandises à Obi. Là, le terrain était minable. Il était entouré de collines ce qui rendait l'approche particulièrement dangereuse, et les orages se formaient très rapidement. Un soir, nous n'avons pas pu nous poser. On a tourné pendant quarante-cinq minutes dans un grain très sérieux. Une danse terrible avec des avions au-dessus de nous et au-dessous. Bref, une situation pas très confortable parce que les moyens radio étaient mauvais et que dans tous les appareils qui étaient en attente au-dessus du terrain, aucun pilote ne savait à quelle altitude il se trouvait exactement. La pluie était très forte. De la tour, le contrôleur nous a dit que la piste était inondée. Les *gooseneck étaient complètement noyés* ».

« Dans le lot des navigants qui faisaient dans la *sulfateuse*, il y avait cette nuit-là, en attente comme nous, un ancien copilote d'Air France que je connaissais. Nous volions à huit mille pieds, je l'ai entendu annoncer que pour sa part il patientait à onze mille pieds, donc bien au-dessus de nous ».

« Soudain, je l'ai entendu dire à la radio qu'il se trouvait à... quatre mille pieds. Avec Chauve, on s'est regardé et on s'est dit : "Celui-là, s'il tient son altitude comme ça, on va bientôt le récolter dans les hélices"».

« Alors, on a dit à la tour que nos réserves de carburant n'étaient pas assez importantes pour continuer de tourner au-dessus du terrain (ce qui était d'ailleurs vrai), et que l'on préférait ne pas gaspiller notre essence et retourner à Libreville. Puis, prudemment, nous avons fait demi-tour ».

« Nous sommes revenus à Obi plusieurs fois, poursuit Gréard, et une nuit, à notre grande surprise, nous avons été accueillis en grande pompe aux accents de la Marseillaise qui était exécutée par un détachement de l'armée biafraise. En pleine forêt tropicale, la nuit, c'était fantastique. On se demandait ce qui nous valait cet honneur puisque nous ne faisions qu'apporter notre habituel chargement de poisson séché ou de lait. Et puis, on nous a prévenus que nous avions un passager pour Libreville. Ce passager, c'était Rolf Steiner, un ancien légionnaire de l'armée française, qui jouait un rôle important auprès du colonel Ojukwu. Le détachement était venu lui rendre les honneurs ».

De temps à autre, le *Super-Constellation* qui repartait à vide ramenait, en effet, des passagers vers le Gabon. Une nuit, la Croix-Rouge biafraise demande aux pilotes s'ils peuvent évacuer des enfants très malades vers Libreville. Ce pont aérien dans l'autre sens ne fut rendu possible qu'à partir du moment où l'armée française installa, près de la capitale gabonaise, un hôpital de campagne qui permettait de les accueillir et de les soigner dès leur arrivée.

« C'était un spectacle épouvantable », dit Gréard, « que celui de ces enfants, le ventre ballonné, le regard fixe, qui étaient en train de mourir de faim. Nous en ramenions cinquante à soixante à chaque voyage. On les allongeait sur des matelas en polystyrène et des jeunes infirmières biafraises faisaient le voyage avec nous pour en prendre soin. Une nuit, un camion arriva près de l'avion. J'étais descendu à terre pour surveiller le déchargement et j'assistais ensuite à l'embarquement des enfants dans la cabine. A un moment donné, le chauffeur a annoncé que c'était terminé. J'ai interpellé l'infirmière : “Mais vous en oubliez un, là”. Elle m'a répondu : “Ah non, celui-là ce n'est plus la peine. Il vient de mourir”».

Mais dans cette chaîne humanitaire qui s'était formée pour venir en aide aux Biafrais, des maillons avaient cédé. Ainsi, Gréard et Chauve se souviendront de l'accueil qu'ils reçurent à Bata alors qu'ils venaient s'approvisionner en essence, cette essence 115-145, qu'il était si difficile de trouver. L'équipage avait estimé, en effet, qu'il ne fallait pas abuser du laisser-faire des Camerounais et qu'il convenait d'alterner leurs escales techniques entre Douala et Bata.

Lors de leur deuxième mission, le 10 septembre, les deux pilotes décident donc d'éviter le Cameroun et de se rendre à Bata. L'avion décolle de Libreville et se pose quarante-trois minutes plus tard à Bata, par surprise. Là encore, on regarde avec de gros yeux le *Super-Constellation* barré d'une croix rouge.

Les Espagnols leur donnent la 115-145 souhaitée, font la moue devant la carte de crédit et recoivent les dollars avec ravissement. Pour leur départ, Gréard leur présente un plan de vol du genre *mission d'entraînement en mer* et annoncent qu'ils reviendront le lendemain pour refaire le plein. Les Espagnols répondent qu'ils sont d'accord.

Le 11 septembre, l'Alpha Golf-I décolle donc à nouveau de Libreville à destination de Bata. Il était 15 h 12 G.M.T.

« Il faisait jour », se souvient Gréard, « et nous avons pris un cap qui devait nous faire arriver droit sur Bata dont l'aérodrome était également équipé d'un Beacon moyenne fréquence. Le trajet n'étant pas long, on a cherché sur la fréquence habituelle, après quinze minutes de vol, la balise sur notre radiocompas. A notre grande stupeur, c'était le vide. Il n'y avait pas de balise. Le temps était détestable, il tombait des cordes, la visibilité était très mauvaise ».

« Ce jour-là, Chauve pilotait et j'assurais la navigation. Nous nous sommes concertés et j'ai dit à Jean-Marie :

– Tant pis, on y va quand même ».

Sur les recommandations de Gréard, Chauve fait un écart de cinq degrés vers la gauche puis l'avion descend au ras de l'eau.

Les pilotes ne voient rien, mais ils sont persuadés d'être au-dessus de la mer puisqu'il y a un golfe entre Libreville et Bata.

Le *Super Constellation* perd encore de l'altitude pour voler juste au-dessous de la couche de nuages. L'avion est à trois cents pieds (cent mètres) à peine. La visibilité est toujours exécrable.

Pendant que Chauve pilote, Gréard dit à Diou :

– Les Espagnols sont des peaux de vaches. Ils ont coupé la balise pour nous empêcher de revenir alors qu'il nous

avaient promis la veille de nous laisser atterrir pour prendre de l'essence. Ils ont dû se dire : "Il pleut, il y a des nuages, on va leur couper la balise comme ça ils ne viendront pas et ça nous évitera de leur fournir des explications".

Gréard appelle sur la fréquence de la tour de contrôle. Pas de réponse. A l'estime, il se dit que le terrain ne doit pas être loin. Sans en être trop sûr puisque la visibilité horizontale n'est que d'un kilomètre à peine. Soudain, il voit surgir devant l'avion un cargo. Pour les pilotes, c'est une indication. Le bateau ne peut venir que du port de Bata.

Gréard jubile et dit à Chauve :

– *Tu fais encore une à deux minutes en suivant le cap puis on se mettra perpendiculairement à la côte et on devrait tomber sur la piste qui est parallèle à la mer. Ensuite on verra bien.*

« Au top qu'on s'était fixé, on a donc viré à angle droit en restant toujours en dessous de la couche de nuages. Et on a attendu. A un moment donné, il m'a semblé distinguer dans la brume une ligne sombre devant nous. J'ai crié : "Ça y est, c'est la côte". On a passé la côte et tout de suite à droite, j'ai aperçu la piste. A toute allure, on a sorti les volets et le train d'atterrissage. Chauve a fait son virage. C'était fantastique, nous étions en finale. Nous avions trouvé le terrain sans une minute de retard alors qu'on avait une chance sur mille de réussir ».

« On s'est posé sans problème, toujours en appelant la tour qui s'obstinait à rester muette. De même, le

Beacon était silencieux. Nous sommes arrivés au parking sans rencontrer âme qui vive. Une fois les moteurs arrêtés, je suis descendu et je me suis rendu à la tour. Les Espagnols faisaient une drôle de tête, ils étaient soufflés de nous voir arriver, de nous voir nous poser avec trois cents pieds de plafond, dans la pluie, sans moyens radio. Tellement soufflés qu'ils ont accepté – de mauvaise grâce tout de même – de remplir nos réservoirs. J'ai sorti ma liasse de dollars pour payer et c'est là qu'ils m'ont dit : "Il n'y a plus d'essence. Ce n'est pas la peine de revenir demain". Quand nous avons redécollé, le Beacon et la radio de la tour marchaient à nouveau. Comme par enchantement".

Sept années ont passé depuis ce mois d'aventure. Par la suite, Gréard, Chauve, Diou puis Rivière furent remplacés par d'autres équipages, certains d'Air France comme Lamy, Marchais, Cote, Peytral, Oliva, Chappel, d'Herbés; certains d'Air Fret pilotaient les *DC4* de leur compagnie: Bourdeux, Morancay, Massonat, etc.

Au cours de leur séjour, André Gréard et Jean-Marie Chauve auront approché la misère, la détresse, l'horreur. Ils auront rencontré des personnages étonnants. Le baron von Rosen, bien sûr, et puis un Polonais vivant en France, du nom de Zumbach, qui fut parmi les premiers à venir en aide au colonel Ojukwu. Avec un seul appareil, il avait formé en automne 1967 l'escadre biafraise de bombardement.

Zumbach avait été un brillant pilote de chasse dans la Royal Air Force au cours de la bataille d'Angleterre. En 1967, il avait été contacté à Paris par un

Biafrais qui se disait envoyé par le colonel Ojukwu et qui lui demandait de trouver un avion. Mais pas n'importe lequel, il fallait un bombardier. Ni plus ni moins. Le Polonais acceptait et se mettait en chasse. Il découvrait finalement en Belgique un *B-26 Invader* de la dernière guerre qu'il achetait aussitôt.

Mais Zumbach faisait mieux. Bien qu'il n'eût jamais piloté de bombardier, il se mettait -comme il le raconte dans son livre *Mister Brown* – aux commandes de l'appareil et le convoyait au Biafra. Avec son *B-26*, il pilonnait les positions nigérianes. Un jour, il détruira en larguant des bombes artisanales un hélicoptère qui transportait le chef d'état-major de l'armée du Nigeria.

Le Polonais gardera un souvenir amer de certaines pratiques qui avaient cours au Biafra. Il sera ulcéré d'apprendre que l'émissaire biafrais avait facturé deux cent mille dollars à son gouvernement le *B-26* qui n'en avait coûté en réalité que cinquante mille.

Pour leur part, les navigants qui, pour des raisons humanitaires, s'étaient portés volontaires, ne feront pas fortune au Biafra. Pendant leur absence, ils toucheront d'Air France leur salaire habituel qui sera facturé à la Croix-Rouge française. Mais cela chiffonnait Gréard, Chauve et les autres et ils s'étaient promis de faire un geste envers la C.R.F. dès que ce serait possible. Survint alors la tragédie du Bengale. Un beau matin, trente-trois tonnes de vivres expédiées par la Croix-Rouge arrivèrent à Dacca, via Calcutta. Le *Boeing 707* Pélican avait été affrété par les navigants du Syndicat des pilotes de ligne.

UNE JAMBE FOULÉE

Aucune commune mesure entre la Seconde Guerre mondiale et ce qu'il est convenu, aujourd'hui, d'appeler les *événements* d'Algérie. Rien de semblable, donc, entre ce qu'ont connu les pilotes et les équipages durant la période 1940-1944, et ce que vivront les aviateurs français engagés sur le théâtre d'opérations (même si celles-ci étaient baptisées officiellement *de pacification*) en Afrique du Nord, et plus particulièrement en Algérie, jusqu'en 1962.

Détournement de l'avion transportant le leader algérien Ben Bella, bombardement du village tunisien de Sakiet Sidi Youssef : actions contestables des aviateurs engagés de l'autre côté de la Méditerranée. Mais leur souvenir tend à faire oublier le travail beaucoup plus quotidien des pilotes et des avions à qui étaient confiées des missions d'EVASAN (évacuations sanitaires), d'observation en R.A.V. (reconnaissance à vue), ou d'appui des *trosols* troupes au sol, selon le langage synthétique en usage dans le monde de l'aviation. Un travail quotidien qui réservait pourtant quelques émotions à ceux qui le pratiquaient. Notamment à ces pilotes de chasse venus de France où ils volaient sur avions à réaction et à qui l'on demandait un retour à une certaine modestie professionnelle sur les vieux *T-6*.

Le *T-6* est un avion d'entraînement monomoteur à hélice, bi-place en tandem – une place devant pour l'élève, une place derrière pour le moniteur – que l'on utilisait alors pour la formation élémentaire des pilotes militaires. Sa rusticité, le fait qu'on pouvait se le procurer en grand nombre et à bas prix, avaient incité les responsables militaires à le transformer en appareil d'appui-feu pour les besoins de la cause.

Autrement dit, à l'équiper de petites mitrailleuses de 7,5 mn et de lance-roquettes montés sous les ailes, afin de le rendre capable d'intervenir au profit des *forces de l'ordre* lors des diverses opérations. Malheureusement, on n'avait pas changé son moteur alors qu'on alourdissait l'avion en le chargeant d'armes, ce qui a eu parfois pour conséquence de placer les pilotes dans des situations pour le moins inconfortables.

On n'avait pas non plus renforcé son fuselage, une mince plaque de tôle que les balles traversaient aussi aisément qu'elles l'auraient fait d'une feuille de papier à cigarette, ou tout comme. Avion lent et vulnérable, le *T-6* constituait donc une proie assez facile pour les tireurs *fellagha*, qui avaient très vite compris qu'il leur était possible de l'abattre. Nombreux ont été les pilotes qui ont payé de leur vie le fait de voler sur cet avion rustique. A moins qu'ils s'en soient tiré seulement avec une belle frousse... et quelques blessures plus ou moins graves.

Tel est le cas de Bernard Ziegler. Bernard Ziegler est le fils aîné de Henri Ziegler qui, ancien pilote d'essais, a terminé sa carrière comme président-directeur général de la S.N.I.A.S., Société Nationale Industrielle Aérospatiale, devenue plus tard l'Aérospatiale. Si l'on ajoute que Bernard Ziegler a un frère, Michel, qui fut le *patron* de la compagnie Air-Alpes, et un autre ingénieur dans une société très liée à l'aéronautique, on voit qu'il fait partie d'une véritable dynastie. Il est vrai que ces trois-là ont de qui tenir, comme l'on dit.

Bernard Ziegler est donc devenu tout naturellement pilote d'essais, lui aussi. Il occupa le poste de directeur des essais en vol de la société européenne Airbus Industrie qui fabrique les différents types d'Airbus, avant de terminer sa carrière comme vice-président *Engineering* du consortium européen, puis de prendre sa retraite en 1997. Auparavant, il était passé par l'armée de l'Air, comme nombre d'autres pilotes. Mais une sorte de pis-aller pour lui, cependant.

« Oui, dit-il, j'ai d'abord été élève de l'École polytechnique, mais pas un élève très brillant, et à défaut de pouvoir sortir comme ingénieur de l'aéronautique, ce qui était mon ambition première, je suis sorti dans l'armée de l'air. Comme pilote. Je suis donc allé à l'École de l'Air à Salon-de-Provence, je suis devenu officier, pilote, et officier-pilote de chasse. Je me suis donc retrouvé à la 4ème escadre de chasse qui, à l'époque, était basée à Bremgarten, en Allemagne. Ceci en 1957. Et comme tous les pilotes de chasse de l'époque, aussi, j'ai été amené à partir en Algérie, puisque c'était la guerre.

« J'ai été *transformé* sur *T-6*, je me suis en quelque sorte recyclé pour les besoins de la cause. Les escadres de chasse françaises parrainaient des escadrilles en Algérie, c'est-à-dire qu'elles les fournissaient en pilotes ».

« Le 4e escadre, elle, parrainait une escadrille qui était implantée partie à Bône (rebaptisée aujourd'hui Annaba), partie à Guelma, dans l'Est Constantinois ».

« Cela, c'était en 1959-1960. Ma carrière aéronautique a été longue et pourtant, rétrospectivement, je crois que ce qui m'est arrivé à cette époque, vraiment... constitue une des histoires les plus tragiques que j'aie vécues. Même lorsque j'ai pratiqué le métier réputé dangereux de pilote d'essais, jamais, au grand jamais, je n'ai eu le sentiment de courir autant de risques que j'en courais à l'époque dans l'armée. Car on se fait des idées sur le métier des essais en vol, du moins tel qu'on le pratique aujourd'hui. J'appartiens à une nouvelle génération de pilotes d'essais qui s'efforcent de courir le minimum de risques, compte tenu du prix des matériels et des programmes industriels que cela suppose. Et en matière d'essais en vol, je serais bien incapable, en vérité, de raconter une histoire qui présente quelque intérêt... ».

« Je me trouvais donc en Algérie, pratiquement à l'issue du séjour que j'y effectuais, avant mon retour en Allemagne au sein de la 4e escadre de chasse. Cela n'est pas sans importance, car mon épouse se trouve mêlée à ma petite aventure. Elle était venue me rejoindre en Afrique du Nord, puis était retournée en France, étant donné que j'avais pris le commandement du détachement des *T-6* à Guelma, plus au sud. Là, nous vivions sur la base, dans un enclos de fils de fer barbelé et il n'était évidemment pas question qu'une épouse habite là-bas ! »

« Mais pour les derniers jours de mon séjour en Afrique du Nord, j'avais passé le commandement du détachement de Guelma à mon successeur, j'étais revenu à la base-mère à Bône. C'était l'été, il faisait beau, la mer était magnifique, et nous avions décidé que mon épouse me rejoindrait pour passer avec moi les dernières semaines là-bas ».

« Et ce jour là, à peu près à l'heure où en France ma femme prenait l'avion en direction de l'Algérie, moi, j'ai pris l'alerte, à cinq heures du matin. C'est-à-dire que je me tenais prêt à décoller rapidement, au cas où des accrochages se produiraient à proximité de la frontière algéro-tunisienne et où il nous faudrait intervenir ».

« Effectivement, en compagnie d'un deuxième *T-6*, j'ai décollé sur alerte vers six heures du matin. Un accrochage venait de se produire près de la maison forestière du Feden, dans cette espèce de no man's land entre la frontière elle-même et le barrage électrifié qui la doublait en quelque sorte en territoire algérien. Personne ne se hasardait dans cette zone. Nous avions ordre, d'ailleurs, de tirer à vue sur tout ce qui pouvait s'y manifester. Disons, pour la petite histoire, que l'on y rencontrait pas mal de sangliers (!) et même des panthères noires !... Bref, cette fois-là, un avion d'observation avait repéré une katiba, une compagnie de rebelles, qui se repliait vers la Tunisie ».

« Nous sommes arrivés sur place pratiquement au lever du jour et, de fait, nous avons trouvé pas mal de *fells*, comme nous les appelions, de fellagha, qui couraient dans la forêt à cet endroit-là pour tenter de repasser la frontière au plus vite. Alors, nous avons fait ce que nous faisions généralement en pareil cas, étant donné que le *T-6* était un avion de guerre assez peu armé : nous avons appelé la chasse lourde ».

« Des marins sur *Corsair*, des aviateurs sur *Mistral*, les premiers, l'aéronavale, sur des avions à hélices, les seconds, l'aviation, sur avions à réaction, qui sont donc venus pour nous prêter main forte. Mais ces gens qui se baladaient en général assez haut et assez vite voyaient très mal les gars qui couraient dans la forêt, et le rôle des *T-6*, en ces affaires-là, consistait à descendre en avant de la chasse lourde et à balancer des roquettes pour marquer les objectifs. Nous repérions ainsi ce qui devait être attaqué en indiquant à la radio : "Tant de mètres long... Tant de mètres court... " par rapport à l'impact de notre roquette au sol et derrière nous, le chasseur lourd s'engageait et larguait son napalm, ses propres roquettes, ou ses bombes...».

Au bout de deux heures de présence sur la zone de

l'accrochage, Bernard Ziegler et son équipier avaient ainsi guidé trois patrouilles de chasse lourde, trois groupes de deux avions chacun. D'une façon générale, en effet, les appareils de chasse vont toujours deux par deux, l'équipier suivant son *leader*, son chef de patrouille et assurant surveillance et protection pendant que celui-ci s'occupe de naviguer... ou de repérer les objectifs. Un tel dispositif se justifiait encore davantage en Algérie.

Volant très près du soi au cours des missions d'appui-feu, les avions se trouvaient souvent sans contact radio avec quiconque et il était important que l'un des deux appareils fût là pour signaler un incident survenu à l'autre, par exemple, ou le protéger en cas d'atterrissage forcé en pleine campagne, dans l'attente des renforts.

« Nous nous étions fait pas mal tirer dessus », poursuit Bernard Ziegler, « ça criait à la radio et partout. C'est alors que mon équipier et moi-même nous nous sommes retrouvés à bout de munitions et avec assez peu d'essence dans les réservoirs. Il nous fallait rentrer au terrain ».

« J'attendais donc la relève, une autre patrouille de *T-6* qui devait nous remplacer. Quand elle est arrivée, je me suis mis à lui indiquer la position des différents objectifs au sol pour qu'elle puisse à son tour guider les autres avions d'intervention. Il faut dire, parce que c'est la vérité, que le chef de patrouille qui venait me remplacer était assez jeune dans le métier là-bas et qu'il avait beaucoup de mal à repérer ce que je voulais lui montrer. De plus, je n'avais plus de munitions pour le lui baliser, comme nous le faisions pour la chasse lourde ».

« Alors, en désespoir de cause, et comme des opérations de cette importance étaient rares et qu'il fallait se hâter, j'ai pris une décision assez inconsciente. Je me suis pointé sur un des rassemblements de *fells*, à très basse altitude, deux ou trois mètres, la crête des arbres, quoi, avec l'intention de crier *Top !...* au moment où je passerais au-dessus de l'état-major de la katiba. Et à l'instant où je criais *Top !* à la radio, effectivement, j'ai entendu un gigantesque, un formidable *boum* dans l'avion, j'ai eu l'impression que celui-ci exécutait un bond de trois ou quatre mètres vers le haut, suivi d'un *voufff* et je me suis retrouvé au milieu des flammes ».

« Là, je dois dire assez peu glorieusement, la panique m'a saisi. Vraiment peu agréable de se retrouver dans le feu, c'est tout rouge, tout noir, ça ronfle, je ne voyais même plus les instruments, enfin bref... ».

« Nous volions cockpit ouvert, c'est-à-dire avec le dôme de plexiglas de la cabine repoussé vers l'arrière. Pour des tas de raisons, et notamment, si bizarre que cela puisse paraître, parce que cela nous permettait d'entendre lorsqu'on nous tirait dessus. C'était très possible, avec un peu d'habitude. En tout cas, moi, je volais avec le cockpit ouvert. Et alors, j'ai eu tellement la frousse, j'étais tellement pressé de sortir des flammes, qu'au lieu de procéder normalement, de prendre mon temps, de gagner un peu d'altitude, puis de sortir sur l'aile de l'avion et de sauter en parachute, je me suis *dessanglé*, j'ai débouclé les sangles qui me retenaient à mon siège, je suis passé en vol sur le dos, j'ai poussé sur la commande de profondeur... Ce qui fait qu'avec l'accélération vers le bas provoquée par ma manœuvre, je me suis retrouvé à demi-sorti de l'avion, le buste dehors! Tout cela, bien entendu, se déroulant à cinq ou six mètres de haut au-dessus du sol ».

« En fait, je ne suis pas sorti complètement de l'avion. Je me souviens très bien de ma position, plié en deux, regardant vers l'arrière de l'appareil, vers la queue de l'avion, avec une sangle, je ne sais d'ailleurs laquelle, qui s'était coincée quelque part et me retenait. Bien entendu, pendant ce temps-là, l'avion laissé à lui-même ne demandait qu'à revenir vers le sol et se remettait en piqué ».

« Heureusement, heureusement, tout cela se déroulait, mais oui ! au-dessus d'une falaise. A cet endroit-là, se trouvait en effet une sorte de décrochement de terrain qui m'offrait un peu...de marge. Je suis parvenu à me dégager, avec de gros efforts, mais dans ces cas là, on est doté d'une force absolument fabuleuse, j'ai glissé le long du fuselage... et le parachute s'est ouvert sans que j'aie jamais tiré la poignée. En réalité, je crois que celle-ci a dû s'arracher pendant que je m'extrayais de l'avion. Les événements se sont alors succédé à toute vitesse : le parachute s'est ouvert, j'ai entendu des gens qui criaient en arabe, puis des balles qui me sifflaient aux oreilles, et je me suis retrouvé assis entre deux rochers. Moins d'une seconde, peut-être, pour l'ensemble ».

« Ce que j'ai oublié de dire, cependant, c'est que juste après que le feu eut pris dans l'avion, sans que j'aie rien ressenti, très curieusement, je me suis aperçu que ma jambe droite était complètement repliée sur le siège. J'ai envoyé ma main, littéralement envoyé, sur ma jambe, et je l'ai retirée pleine de sang. Et j'ai cru, à ce moment-là, que j'avais perdu une jambe. En fait, j'avais reçu un certain nombre d'éclats de métal dedans et ce n'est que par réflexe nerveux qu'elle s'était repliée. Évidemment, le sang giclait, mais de blessures très superficielles, dans le gras du mollet ».

« Me voici donc entre mes deux rochers, et, par une chance invraisemblable, au milieu de la seule clairière qui se trouvait dans le secteur, une clairière qui devait avoir une dizaine de mètres de rayon. A la lisière de la forêt, les *fells* continuaient de me tirer dessus. J'avais toutes mes armes, le holster, mon pistolet, tout. Mais j'avais autour de moi une nuée d'avions qui virevoltaient. Heureusement d'ailleurs, car ce sont eux qui m'ont sauvé. Mais quelle sale impression ! ».

« Car cette chasse lourde qui venait me protéger, j'avais l'impression très nette que c'est moi qu'elle visait. Les avions tiraient à peu près à dix mètres de moi, donc. Passe encore pour les roquettes et les canons, on sait bien que les balles et les roquettes ne vont pas vous arriver dans la poire, mais le napalm... ».

« Le gars arrive en rase-mottes, face à vous, il largue le bidon de napalm cinquante mètres à peu près devant vous et vous avez ce bidon qui passe en tournoyant à un ou deux mètres au-dessus de votre tête... Brrr! vraiment, à chaque fois, on croit qu'on est bon ! Très désagréable ».

« Je crois que tout ce qui volait dans le Constantinois a rallié le point où je me trouvais. Grâce à ces *frères d'armes*, je me suis retrouvé tout à fait remarquablement protégé. Il est vrai que j'étais sans doute le seul militaire français dans un rayon de vingt-cinq kilomètres entouré d'une katiba de *fells*. Ceux-ci se sont quand même éloignés, ça s'est un peu calmé, enfin ».

« Au-dessus de moi, tournait un petit Piper de l'A.L.A.T., l'Aviation légère de l'armée de terre, portes grandes ouvertes, le gars à bord essayant de déterminer dans quel état je me trouvais, ce qu'il pouvait faire pour moi. D'abord, je lui ai fait signe que j'avais une jambe blessée, mais que j'allais bien. Seulement, mon gros problème n'était pas cela, mon gros problème était que je manquais de cigarettes. Signe de ma part – nous ne pouvions évidemment correspondre que par signes – pour tenter de leur indiquer ce que je voulais. Ils m'avaient déjà envoyé des tas de choses, ils m'avaient envoyé des pansements, du chocolat, mais ce que je réclamais, ce dont j'avais envie, c'était des cigarettes ».

« Je portais donc ma main à ma bouche, comme le fumeur qui tire une bouffée et je recommençais, je recommençais pour tenter de me faire comprendre. Le gars a dû croire que j'étais réellement beaucoup plus atteint que je ne paraissais l'être, que j'avais dû être choqué... et il s'est mis à m'envoyer des baisers avec la main, pour répondre aux miens Il interprétait mon geste de cette façon. Je n'ai jamais revu ce pilote de l'A.L.A.T., mais j'avoue que j'aurais aimé le rencontrer pour obtenir de lui quelques explications ».

« Une demi-heure après environ est arrivé un hélicoptère, une Alouette, qui venait me chercher. Chose curieuse, à bord se trouvait un de mes bons amis, le capitaine Richard, qui avait suivi le déroulement de l'affaire à la radio et qui avait tenu à être là. Une semaine plus tard, en *T-6*, au même endroit, il allait se faire descendre, lui aussi. Avec d'autres conséquences que pour moi : brûlures à trente pour cent, etc. ».

« L'hélicoptère s'est posé où il a pu, ce n'était pas un terrain très facile, à une vingtaine de mètres de l'endroit où je me trouvais. Dès qu'il s'est immobilisé, je me suis dressé sur ma jambe valide et me suis mis à clopiner en direction de mon sauveur, aussi vite que je pouvais. Seulement, je suis tombé dans un trou, et là je me suis foulé l'autre jambe. Résultat je suis arrivé à l'hélicoptère sur les genoux. J'ai été amené aussitôt à l'hôpital de Bône, où l'on m'a posé un plâtre sur la jambe gauche et bandé la jambe droite, après en avoir ôté les petits morceaux de métal qui s'y trouvaient. Puis, armé de deux béquilles, j'ai regagné mon escadrille, où j ai été reçu en triomphateur. A moins que ce ne soit en survivant, ou miraculé !...».

Il devait être alors onze heures du matin, heure à laquelle l'épouse de Bernard Ziegler arrivait à l'aéroport de Bône à bord du Bréguet deux-ponts d'Air France. Elle avait effectué le voyage en compagnie d'un officier, un *stratif*, officier des services administratifs, un *rampant* donc, dont elle avait observé le manège tout au long de la traversée, et qu'elle connaissait fort bien puisqu'il appartenait à la même unité que son mari. Ce charmant garçon, et Bernard Ziegler insiste sur le mot *charmant*, ce charmant garçon s'était ouvert le pied... sur un tesson de bouteille au cours d'une surprise-partie qui avait dû tourner quelque peu en orgie. Ce que Jacqueline Ziegler savait parfaitement, bien entendu, l'histoire ayant fait le tour de la petite communauté aéronautique de Bône.

Durant tout le vol, le *charmant* garçon, qui arborait avec fierté son pied bandé, n'avait cessé de *faire du gringue* à l'hôtesse de l'air, expliquant avec force détails comment il avait été descendu en opérations, etc. etc. Jacqueline Ziegler riait sous cape, n'ayant rien perdu du récit épique avec lequel le jeune officier avait essayé d'éblouir l'hôtesse. Blessé en surprise-partie !

Elle riait moins en débarquant de l'avion et en apercevant son mari qui l'attendait au pied de la passerelle, juché sur ses deux béquilles, la jambe dans le plâtre. Pensée fulgurante, association d'idées immédiate :

– *Qu'as-tu fait la nuit dernière* ? demanda-t-elle d'un ton peu amène à son mari, lequel s'attendait à être accueilli comme il croyait le mériter. *Qu'as-tu fait la nuit dernière ?*

Et l'on s'étonnera après cela que les héros s'avouent parfois fatigués.

PAS LE TEMPS D'AVOIR PEUR

Bernard Ziegler l'affirme: jamais au cours de sa carrière de pilote d'essais qui lui a permis d'expérimenter des avions perfectionnés, il n'a eu aussi peur que lorsqu'il s'est retrouvé en Algérie dans son petit monomoteur *T-6* en flammes. Est-ce à dire que le métier de pilote d'essais moderne n'offre plus d'occasions de connaître des émotions ? Certes non. Et sans aller jusqu'à évoquer le cas dramatique de ce seigneur que fut Jacques Guignard, il est encore des circonstances où l'homme qui se trouve à bord d'un prototype éprouve un profond sentiment de solitude face au danger. Bien sûr, il ne s'agit plus pour lui de sauter dans l'inconnu, comme au temps de l'époque héroïque. Les moyens actuels d'investigation, d'étude, de simulation, permettent de défricher ce champ nouveau que constitue l'avion encore à naître. Jamais, par exemple, au grand jamais, le premier vol d'un prototype ne serait programmé aujourd'hui sans que tout ait été soigneusement pesé – sans que les ingénieurs aient calculé l'influence de la température extérieure sur la poussée des réacteurs, pour en revenir au cas de Jacques Guignard et de son *Trident*.

Mais les précautions qui sont prises vont bien au-delà. Avant même que la construction d'un prototype soit terminée, on connaît déjà quel sera son comportement en vol, de manière relativement précise. La maquette de l'appareil a été étudiée en soufflerie, c'est-à-dire dans une veine d'air en mouvement qui permet de reproduire les conditions de vitesse: aucune différence de principe entre un corps qui se déplace à une vitesse V dans l'air, et un corps fixe dans l'espace, mais autour duquel l'air se déplace à la même vitesse V.

Les renseignements sont recueillis pendant de longs mois dans cette soufflerie et interprétés en tenant compte notamment des rapports de taille entre la maquette et l'avion qui volera réellement. Ils servent alors à *nourrir* le calculateur d'un simulateur sur lequel s'entraînera le pilote d'essais. Celui-ci, lorsqu'il s'installera aux commandes de son appareil, aura donc déjà l'impression, plus que l'impression, la certitude, d'aborder un domaine familier. Ce qui lui permettra de se consacrer à d'autres tâches de découverte.

Du moins cela s'est-il passé ainsi avec *Concorde*. A tel point que des modifications ont pu être apportées à l'avion avant même que celui-ci ait pris l'air pour la première fois, grâce aux observations de l'équipage qui travaillait sur le simulateur. Dans ces conditions, on pourrait penser que la plus grande partie des essais d'un nouvel avion se fait au sol, sans presque qu'il soit besoin de l'essayer en vol ! En vérité, cette idée n'est point aussi farfelue qu'elle peut sembler l'être de prime abord. Mais il reste toujours à aller vérifier ce qui a été calculé, car nul ne peut jurer que la réalité ne réservera pas quelques surprises – qu'elles soient désagréables ou agréables. C'est que, si *Concorde*, au moment de ses essais, représentait bien un avion nouveau en lui-même, il représentait aussi et surtout un système de transport nouveau: tout était à étudier, cellule et moteurs.

Ainsi que l'a expliqué un jour André Turcat, lorsqu'il occupait le poste de directeur des essais en vol de la société *Aérospatiale*:

« Avec ce programme, on a voulu franchir une étape importante dans le progrès. Or, quand on se lance dans l'inconnu, on sait que l'on aura des difficultés, mais on ne sait pas lesquelles. C'est la loi du progrès...».

Et ces difficultés, pour être résolues, mobiliseront à la fois les moyens au sol et les moyens en vol, les bureaux d'études et les navigants, les ingénieurs et les pilotes. Alors, il est quasi inéluctable qu'un jour ou l'autre le franchissement d'une nouvelle étape réserve quelques surprises. Et provoque quelques frissons chez celui, ou ceux, qui s'y trouvent confrontés.

Même avec *Concorde.*

En 4 000 heures d'essais en vol, le contraire eût été étonnant. Car il aura fallu 4 000 heures de vol pour que l'avion ait été enfin déclaré bon pour le service !

4 000 heures prévues dès le départ, dès la planche à dessin, tant il est vrai que même les étapes de la découverte se trouvaient programmées. Et comme bien souvent aussi, c'est au cours d'un vol en apparence banal que le plus grave incident se produisit.

Ce jour-là, Gilbert Defer se trouvait aux commandes. De ce fait, c'est lui qui eut à en rendre compte. A la manière d'un pilote d'essais. Sans fioritures.

Le rapport de vol, dans sa sécheresse, ne laisse pas de place pour l'émotion. En quelques lignes l'essentiel est dit. Jusqu'à l'incident en question, tout s'est déroulé presque de façon routinière. ... Retour au niveau 500(1), Mach 2, Vc 530 nœuds. On tire les pétards de direction. Le maintien de ces conditions impose l'emploi des réchauffes deux et trois. Pour passer à l'essai suivant, palier de performance maximum continu sec, on coupe les réchauffes. L'avion est alors instantanément l'objet de vibrations très importantes qui évoquent initialement la turbulence très sévère rencontrée à Mach 2 lors du vol précèdent. Durant cette période de vibrations élevées du poste, durée six à huit secondes, un coup d'œil aux instruments moteurs difficilement lisibles dans cette ambiance vibratoire ne révèle aucune anomalie nette. Les quatre N 2 et T J sensiblement alignées, tandis que le système central d'alarmes présente une succession rapides d'alarmes fugitives qui apparaissent de manière aléatoire sur les quatre moteurs. Le gong résonne presque sans interruption pendant plus

(1) 50 000 pieds, soit environ 15 000 mètres.

de trente secondes, rendant ainsi les commentaires de l'ingénieur difficilement intelligibles. La décélération est accentuée par l'utilisation des aérofreins et les quatre moteurs sont ramenés lentement au ralenti dès que le mécanicien signale la possibilité de réduction. Le moteur nº 4, dont on a vu chuter le régime avant réduction, est alors coupé. Le problème le plus aigu pour le pilote est lié à l'impossibilité pratique de faire un diagnostic rapide de la situation et du pompage, aggravé par la difficulté à dialoguer avec l'ingénieur. En revanche le contrôle de l'avion proprement dit n'a pas présenté de difficulté particulière...

Hormis ce langage difficilement déchiffrable pour le profane, il ne reste pas grand-chose de ce vol. Autant dire, rien. C'est tout ce qui demeurera des secondes d'incertitude vécues par les hommes à bord de *Concorde.*

Pour Gilbert Defer, cependant, les phrases qu'il a écrites après l'atterrissage évoquent bien d'autres souvenirs. Non que ceux-ci soient exceptionnels. Du moins sont-ils liés à son travail délicat de pilote d'essais. A un moment particulier de ce travail.

« Cet incident, car il faut bien le dire qu'il ne agit en fait que d'un incident, rien de plus, cet incident a eu lieu le 26 janvier 1971, alors que j'étais commandant de bord sur le prototype 001. Lequel, à cette époque, était le seul à voler en France, le 002 volant, lui, en Grande-Bretagne. L'objectif du vol était la mesure des performances après une modification des nacelles des réacteurs, modification dont on a effectivement montré plus tard qu'elle améliorait les performances en vol à vitesse supersonique. En termes simples, il s'agissait de voir si les modifications que l'on avait apportées à l'enveloppe des moteurs - puisque c'est là ce que l'on appelle les nacelles - permettaient d'obtenir en quelque sorte un meilleur rendement des réacteurs. Autrement dit, si ceux-ci consommaient moins de carburant sur une distance donnée, à une vitesse donnée, et donc si l'on pouvait aller plus loin avec une quantité donnée de pétrole. Car notre gros problème résidait bien sûr dans la possibilité ou non pour *Concorde* de franchir les distances pour lesquelles il était prévu. On en a d'ailleurs assez parlé, de ces performances ! ».

« Deuxième essai à effectuer, car il est évident que lorsqu'on prend l'air, on s'efforce de procéder au maximum d'expérimentations, des mesures de déformée de voilure aux points de performances. Cette phrase, à la sonorité quelque peu barbare, signifie en fait que l'on cherche à vérifier l'allure, la forme que prend l'aile sous l'effet des charges aérodynamiques qu'elle subit ».

« Troisième expérimentation : des compléments d'essai de structure. C'était la reprise d'un point d'essai de flottement. Ce phénomène est assez particulier. Au fur et à mesure que la vitesse croît, la structure de l'avion, tout comme l'aile, se déforme ».

« Car un avion ne constitue pas un ensemble strictement rigide. Cette déformation peut à son tour entraîner une modification de la contrainte, de la charge aérodynamique, puisque celle-ci dépend de la forme et que cette forme change. Et ainsi de suite.

Sur un avion, si un tel phénomène s'enclenche, il peut conduire à la rupture de la partie de l'appareil qui le subit. Il faut donc être bien sûr qu'au cas où il s'amorce, par exemple à la suite d'une sollicitation extérieure, il ne va pas s'amplifier, mais au contraire s'amortir de lui-même. Il faut donc vérifier que l'avion est sain, de ce point de vue. Et pour le vérifier, on va provoquer volontairement ces *sollicitations extérieures* dont je viens de parler, et voir ce qui se passe ».

« Il existe plusieurs façons de le faire, et peut-être n'est-il pas sans intérêt de les énumérer, car cela illustre bien les méthodes, les précautions déployées au cours des essais en vol ».

« On peut disposer des masses que l'on fait osciller et voir comment la structure réagit. Ou encore utiliser de petites charges explosives que l'on fixe sur les gouvernes de vol et dont on provoque la mise à feu au moment opportun, l'explosion déclenchant une impulsion très sèche qui *excite* la structure. Ou enfin, tout simplement, avoir recours à une excitation manuelle, dite par *coup de poing*, employée généralement pour les avions légers, sur lesquels on ne peut guère monter des masses oscillantes ou des pots explosifs. Le sens de l'expression est évident. On prend la commande, et on lui donne un coup violent, abrupt. Sur un avion de transport, par exemple, on fait cela à deux mains. Et il faut bien avouer que dans ces moments-là, un témoin non averti nous prendrait sûrement pour un fou ! »

« Ce 26 janvier 1971, nous avions décollé pour un

vol au cours duquel nous devions procéder aux essais dont je viens de parler. Je ne dirai pas que c'était un vol de routine, non. L'avion n'avait atteint la vitesse bisonique que depuis relativement peu de temps, deux mois et demi environ. Nous commencions seulement à explorer le vol supersonique sur *Concorde* et il nous restait encore beaucoup de choses à découvrir, à étudier...».

En fait, Concorde volait depuis moins de deux ans. Et Dieu merci, l'attention passionnée dont il avait été l'objet au moment de son premier vol était quelque peu retombée. Cette indifférence toute relative, permettait aux hommes qui étaient chargés de sa mise au point de travailler dans le plus grand calme, loin des sollicitations et des pressions de tous ordres. Car, le 2 mars 1969, le jour où le prototype prit l'air pour la première fois, on avait cru assister à la sortie d'une vedette. Devant le ban et l'arrière-ban des journalistes et des curieux de toutes sortes.

Ce jour-là, en effet, le monde entier était à Toulouse, près de la longue piste de l'aéroport de Blagnac. Après une matinée d'attente - les conditions météorologiques n'étaient pas excellentes – c'est à 15 h 38 qu'André Turcat lâchait les freins. Vingt secondes plus tard, l'avion aux formes d'oiseau de proie était en l'air.

"Décollage très doux avec l'angle de cabré 10 degrés et à la vitesse de 175 nœuds" (325 kilomètres à l'heure), devait commenter une demi-heure plus tard le chef-pilote qui venait de poser le quadriréacteur sur 1 500 mètres de piste seulement. *Concorde* mobilisait l'attention, déclenchait des réactions passionnées, provoquait de sévères polémiques. Déjà venaient des Etats-Unis de mauvaises nouvelles. Les Américains s'interrogeaient sur la possibilité de laisser l'avion de transport supersonique toucher le sol de Kennedy Airport, près de New York. En fait, tout avait commencé longtemps avant, en ce jour de 1962 où la France et la Grande-Bretagne décidaient de lancer un défi technologique à leur puissant allié d'outre-Atlantique.

Sept ans après cette décision historique, le pari prenait tournure. Mais avec ce premier vol, rien n'était encore résolu. En fait, tout ne faisait que commencer.

Car il s'agissait à présent d'explorer un domaine de vol entièrement nouveau. Le plus gros avion du monde muni d'une aile delta à avoir volé à deux fois la vitesse du son, un appareil militaire américain, pesait deux fois moins que *Concorde*. Cet avion, le *B-58*, fabriqué par la firme General Dynamics, pesait, en effet, 75 tonnes à pleine charge, et il était classé dans la catégorie des bombardiers *moyens*.

Il présentait d'ailleurs la particularité d'emporter son armement dans un conteneur largable placé sous le fuselage. Ses quatre réacteurs lui permettaient en tout cas de voler de façon continue à deux fois la vitesse du son. A noter, pour la petite histoire, que le *B-58* était également équipé d'un système vocal d'avertissement du pilote, mis au point par la société américaine *Northrop*. Lorsqu'un incident se produisait à bord, une voix féminine préalablement enregistrée informait le pilote de l'anomalie, puis lui fournissait de brèves indications sur la manière d'y faire face. Comme les autres bombardiers de sa catégorie, le *B-58* pouvait bien entendu être ravitaillé en vol.

Concorde, il n'était évidemment pas possible d'envisager un ravitaillement en vol. De plus, il s'agissait cette fois de faire voler à Mach 2 non pas des professionnels, comme les pilotes militaires, mais des passagers civils. Dans ces conditions, il n'était pas question de brûler les étapes, bien au contraire. Les facteurs économiques et politiques, tout autant que techniques, imposaient de progresser lentement. La moindre anicroche un peu sérieuse pouvait servir de prétexte, d'argument, à ceux qui s'opposaient au programme, notamment en Grande-Bretagne.

Le 29 mai 1969, *Concorde* effectuait son quatorzième vol au départ de Toulouse. L'avion n'en était qu'au tout début de sa longue période d'essais et pourtant, il allait survoler Paris et les Champs-Elysées à basse altitude à la grande joie des Parisiens, avant d'être présenté en vol au Salon aéronautique du Bourget. Les autorités officielles avaient donné le feu vert, mesurant toute l'importance qu'une telle apparition aurait sur l'avenir de l'avion franco-britannique. Cet accord avait été donné après avis du pilote chargé précisément de s'assurer que *Concorde* pouvait sans danger apparaître dans le ciel du Bourget : Gilbert Defer.

A cette époque, celui-ci appartenait au Centre d'Essais en Vol de Brétigny-sur-Orge et pas encore à l'équipe qui poursuivait les essais pour le compte de la société *Aérospatiale*, depuis le mois de mars.

Le 1er octobre suivant, *Concorde* franchissait ce qu'il est convenu d'appeler le *mur du son*. Il atteignait, autrement dit, la vitesse du son, ou Mach 1, le *nombre de Mach* – du nom d'un philosophe et physicien autrichien du XIXe siècle – désignant le rapport entre la vitesse d'un avion et la vitesse du son, celle-ci variant notamment en fonction de la température et n'étant ainsi pas la même au ras du sol ou à douze ou quinze mille mètres d'altitude. Là encore, Mach 1 représentait pour *Concorde* une étape plus spectaculaire que réellement significative. La progression avait été menée avec prudence, et l'on savait bien que l'avion était capable d'atteindre et de dépasser Mach 1, puis d'aller jusqu'à Mach 2, deux fois la vitesse du son. A condition, toutefois, que fussent mis en service les dispositifs complets de régulation des entrées d'air.

Conçu à l'origine pour propulser le *T.S.R.-2* britannique, avion de pénétration à basse altitude, l'*Olympus* était le premier réacteur civil homologué pour fonctionner de façon continue à deux fois la vitesse du son. Dans sa version définitive, il fournit une poussée de 17000 kilos avec la post-combustion.

Son plus grand défaut est son bruit, qui a provoqué les protestations des riverains de l'aéroport Kennedy de New York et c'est dans la diminution de cette nuisance que s'orientent aujourd'hui les recherches sur les réacteurs destinés aux avions civils. Notamment supersoniques.

Mais avec le moteur initial, il n'était évidemment pas question de pousser au-delà de Mach 1,5, soit une fois et demie la vitesse du son. Et encore, en prenant certains risques. Ce qui fut fait en décembre 1969. Ensuite... ensuite il fallut attendre le mois de novembre 1970 pour que *Concorde* atteignît enfin Mach 2. Nouvelle étape spectaculaire, qui, une fois encore, marquait plus un commencement qu'un aboutissement, car il fallait à présent savoir si *Concorde* serait à même de voler régulièrement à une telle vitesse.

On savait cet avion capable d'atteindre Mach 2 mais serait-il capable de le maintenir commercialement, de traverser l'Atlantique, de Londres et Paris à New York ?

C'était précisément pour apporter des éléments de réponse à cette question que Gilbert Defer et son équipage avaient décollé en ce 26 janvier 1971. On verra qu'il rapportera aussi des réponses... à des questions qui ne lui étaient pas posées

« Je ne dirai pas que je commençais alors ma carrière sur *Concorde.* Non. Auparavant, j'étais au Centre d'Essais en Vol, le C.E.V., depuis 1964, et dès ma sortie de l'école du personnel navigant d'essais et de réception, à Istres, dans les Bouches-du-Rhône, j'avais été affecté au programme *Concorde*, en qualité de pilote officiel, puisque le C.E.V. est l'organisme qui contrôle les nouveaux matériels aéronautiques pour le compte des autorités. A l'époque, j'étais le second de Jean Franchi. Puis, lorsque Franchi a quitté le C.E.V. pour rejoindre ce qui était alors la société *Sud-Aviation*, devenue *Aérospatiale*, je me suis retrouvé comme pilote officiel en titre, chargé du programme. J'avais à ce moment-là, comme adjoint, Pierre Dudal, qui fut ensuite patron de l'exploitation *Concorde* à Air France. J'ai donc participé, au côté du contrôleur, puisque je représentais l'État, aux tout débuts de l'affaire *Concorde*, aux essais préliminaires, et même au premier vol, le 2 mars 1969. Mais c'était alors sous une forme très peu noble, puisque j'étais le pilote de l'avion d'accompagnement[(1)]».

« J'ai effectué mon premier vol sur Concorde en mai 1969, le vol nº 13 – nous ne sommes pas superstitieux !... dont l'objet était la délivrance de l'autorisation officielle pour la présentation en vol de l'avion au Salon aéronautique du Bourget. Les prototypes, tant qu'ils n'ont pas été soumis à un minimum d'essais, ne peuvent effectuer de démonstrations aériennes dans une manifestation publique avant que l'État se soit assuré que la sécurité ne sera mise en cause à aucun moment. Mon travail consistait précisément à acquérir cette certitude ».

« J'avais donc suivi avec passion tous les essais de développement. J'entretenais des relations empruntes de cordialité et de confiance avec André Turcat, directeur des essais en vol de la société, et tout se déroulait selon le plan prévu. Chaque fois qu'une tranche d'essais était terminée, je procédais alors au contrôle officiel au nom de l'État. Et puis, lorsqu'en 1970, je suis arrivé à la fin de mon temps réglementaire de pilote militaire au centre d'essais

(1) Avion chargé de suivre un prototype lors des premiers vols afin d'en surveiller le déroulement de l'extérieur. En ce 2 mars 1969, Defer, peu après le décollage de Concorde, dit simplement à André Turcat, le pilote : " Tu ne peux pas savoir ce que c'est beau..."

en vol, on m'a proposé d'entrer à la société comme pilote d'essais ».

« L'événement a vraiment constitué pour moi une grande date, car j'ai eu le sentiment, à cette occasion, de rattraper en quelque sorte mes rêves d'enfant. Lorsque j'étais tout jeune, en effet, j'ai toujours été attiré par l'aviation. Et je me rappelle très bien que je lisais tout ce qui se publiait à ce sujet. C'était la grande époque des essais en vol, avec des pilotes aux noms célèbres, comme Rozanoif, Guignard, Goujon, etc. Des dieux, complètement inaccessibles pour moi. Je devais avoir quatorze ou quinze ans, et je les voyais évoluer très loin de moi, au-delà de barrières qui m'apparaissaient infranchissables. Et puis curieusement, je me suis retrouvé à remplacer l'un d'eux, c'est-à-dire que j'ai eu à le contacter, à le connaître, j'avais effectivement l'impression de rattraper mes désirs les plus fous en prenant la suite de Jacques Guignard quand il a décidé de partir à la retraite... ».

« J'en étais là en janvier 1971. Cela se situait au début des mesures, au débroussaillage des performances à Mach 2. Une fois que nous nous étions assurés que la structure était *claire*, qu'il n'y avait pas de risques de *flottement*, qu'on avait démontré que l'avion n'avait pas de gros problèmes de qualités de vol, le plus important consistait à mesurer les performances pour savoir si le projet se révélait économiquement viable ».

« Non pas le prototype dont nous disposions, car lui, nous savions bien qu'il n'avait pas les *pattes* assez longues, qu'il n'était pas capable de franchir la distance que l'on allait assigner à *Concorde.* Mais nous pensions à l'avion de série qui serait conçu d'après le prototype...».

« Et pour augmenter les performances, l'une des méthodes consistait précisément à améliorer l'étanchéité des nacelles des réacteurs. Il s'agissait de voir ce que cela donnait sur le rendement de l'ensemble de propulsion, après que l'on ait augmenté l'étanchéité en réduisant au minimum les fuites d'air, par exemple au niveau des raccords entre les différentes parties constitutives du réacteur. Tout simplement ».

« En ce jour de janvier, il faisait très beau, je m'en souviens fort bien. Et je me souviens fort bien aussi que nous avons quitté l'aire de stationnement, devant l'usine, à 13 h 22. Comme pilote en place droite – je préfère cette expression à celle de *copilote*, car dans l'organisation des essais telle qu'elle existait chez nous, on volait alternativement en place gauche ou en place droite, selon les jours, sans qu'il soit question de hiérarchie - j'avais Jean Pinet, comme mécanicien Michel Rétif et comme ingénieur, Claude Durand ».

« C'était une des rares fois où Henri Perrier n'était pas à bord, où il avait cédé sa place. Henri Perrier, le dévouement fait homme, celui des navigants qui a sans doute le plus travaillé pour le programme, sans que son nom soit jamais mis en avant jusqu'à sa désignation comme remplaçant d'André Turcat en qualité de directeur des essais en vol de la société *Aérospatiale.* J'avais également à bord un observateur du Centre d'Essais en Vol, mon ami Francis Gillon, qui avait été invité, au titre de cette collaboration assez amicale qui régnait entre les services officiels et le constructeur, afin qu'il puisse s'accoutumer un peu à l'avion. A bord, encore, Jean Conche, un ingénieur de la S.N.E.C.M.A., la Société Nationale d'Étude et de Construction de Moteurs d'Aviation. Lui, se trouvait donc là pour surveiller les panneaux de contrôle des moteurs ».

« A l'époque, nous étions encore très prudents, en ce début des vols à Mach 2. Nous embarquions trois ingénieurs ».

« Le premier, l'ingénieur *avion*, dialoguait essentiellement avec le pilote, sur tout ce qui avait trait à la conduite du vol, aux qualités du vol, etc. ; le deuxième, qui ce jour-là était donc un ingénieur du Centre d'Essais en Vol, surveillait ce qu'on appelle les *systèmes*, les paramètres du système hydraulique, du système électrique, du système de pressurisation, de conditionnement d'air, toutes choses nécessaires à la vie propre de l'appareil et à la vie des passagers que celui-ci devait transporter, et que nous devions vérifier, expérimenter, mettre au point en même temps que l'avion lui-même et les moteurs ».

« C'était le début, je le rappelle, et on essayait de tout observer, de noter le maximum de choses. Et de la même manière, l'ingénieur *moteurs* avait à sa disposition un panneau de contrôle extrêmement complet, beaucoup plus complet que le panneau dont on dispose comme pilote, et en tout cas beaucoup plus complet que celui dont sont équipés habituellement les avions de ligne... Et en plus, j'allais oublier, comme les centrales à inertie qui permettent normalement aux pilotes de naviguer de manière absolument autonome n'étaient pas encore installées dans leur forme définitive sur le prototype, nous étions accompagnés d'un navigateur, Hubert Guyonnet... Sept personnes, donc, équipage normal d'un *Concorde* prototype en essais ».

« Le début du vol s'est déroulé d'une manière tout à fait normale, j'allais dire *classique*. Nous avions décollé au poids de 150 tonnes, un poids supérieur, déjà, à celui du prototype à ses débuts, puisque la masse initiale se situait autour de 135 tonnes. Mais on l'a rapidement *développée*, en emportant davantage de carburant, ce qui nous donnait plus de temps de travail à Mach 2. Nous avions franchi Mach 1 et effectué un premier palier à Mach 1,4 pour mesure des performances. Le principe en est simple. Il s'agit, pour le pilote, de stabiliser aussi exactement que faire se peut les conditions de vol, altitude et vitesse, pendant une durée qui ne doit pas être inférieure à trois minutes, et même... cinq minutes si possible... ».

« On en déduit ensuite les mesures de performances, sans avoir à faire de transposition, puisque les éléments de vol sont stables. Très schématiquement, on peut comparer cela à une mesure de consommation sur un véhicule terrestre, une automobile par exemple qui roule sur une piste plate, à une vitesse donnée, qui respecte un régime de moteur fixe ».

« On regarde ensuite quelle est la consommation. Pour un avion, l'opération n'est pas très difficile à réaliser. Elle réclame un peu de soins et d'attention de la part du pilote. Je dirai que c'est le BA-BA du métier de pilote d'essais ».

« Nous avions effectué la même chose à Mach 1,9, puis ce petit complément d'essai de flottement dont j'ai déjà parlé. Dans un cas comme celui-ci, il s'agit toujours de vérifier en vol ce que l'on a déjà étudié au sol par des essais de vibrations, par des modèles mathématiques... Il est vrai, comme on l'entend souvent dire, que beaucoup de choses sont étudiées au sol, mais au sol, il est impossible par exemple, de reproduire sur l'avion les phénomènes aérodynamiques proprement dits. Il s'agit donc, pour nous, en fin de compte, d'aller vérifier la justesse des calculs, des prévisions... Mais ce jour-là, nous devions nous contenter de refaire un point d'expérimentation, car lors de l'essai préalable, il s'est trouvé tout bêtement que l'enregistrement était inexploitable. Tout avait déjà été vérifié, en ce domaine ».

« Pour *tenir* les éléments de vol fixés par les expérimentateurs, c'est-à-dire une vitesse de 530 nœuds, Mach 2, et une altitude de 50 000 pieds (15 000 m), ce que nous exprimons par l'expression niveau 500, j'avais eu besoin d'utiliser les réchauffes de deux des quatre réacteurs. Les réchauffes, la *postcombustion* permettent de réinjecter du kérosène à l'arrière du réacteur, après la turbine ».

« La poussée des réacteurs s'en trouve augmentée, sans que la turbine ait à supporter une température excessive. Ensuite, nous devions effectuer une autre mesure de performances avec les quatre réacteurs à pleins gaz, mais sans les réchauffes. J'ai donc coupé celles-ci... ».

« Nous étions assez loin en mer, au-dessus de l'Atlantique, à un millier de kilomètres de Toulouse. Tout se passait bien. Du moins jusqu'à la coupure des réchauffes ! Car immédiatement, l'avion a été soumis à des vibrations extraordinaires. Non seulement le poste de pilotage vibrait, car l'avion est assez souple et quand on se trouve assis à l'avant, ça bouge..., mais nous étions secoués à un point tel que nous éprouvions de sérieuses difficultés à lire les instruments, notamment les instruments *moteurs*. Le tout était aggravé par l'apparition d'un très grand nombre d'alarmes ».

« En avion, un système d'alarmes lumineuses permet de détecter le mauvais fonctionnement des principaux organes, le pilote étant d'autre part averti par un gong, par une alarme sonore. Là, sous l'effet des vibrations, c'était l'illumination et le concert permanents ! Et il faut bien dire que cela était assez impressionnant ».

« Je me souviens très bien, en revanche, qu'à aucun moment je n'ai eu la sensation de courir un danger quelconque. Parce qu'on est bien dans son avion, dès qu'on commence à le connaître, tout simplement. Le seul souvenir précis que je garde de cet incident, dont on verra après qu'il s'est révélé quand même assez sérieux, c'est le sentiment de frustration totale que j'éprouvais alors ».

« Je ne comprenais pas, et cela m'exaspérait au plus haut point. Je ne savais pas quoi faire, je ne distinguais plus les indications des instruments *moteurs*, j'étais dans l'impossibilité d'établir un diagnostic de l'événement et je sentais monter en moi une forte colère... Mais je n'avais pas le temps d'avoir peur. Furieux, car je n'arrivais pas à comprendre pourquoi j'étais secoué à la manière d'un petit pois dans un sifflet, vraiment furieux, mais pas effrayé. Ce qui fait qu'au bout de sept à huit secondes, m'étant enfin rendu compte que le moteur nº 4 présentait des signes d'anomalie, de mauvais fonctionnement, au lieu d'en être déçu, j'en étais content : enfin, j'allais pouvoir agir, faire quelque chose ».

« Effectivement, j'ai réduit les gaz sur ce moteur, le mécanicien l'a coupé, et assez vite les vibrations ont cessé, tout est rentré dans l'ordre. Ce n'est qu'après, en discutant avec les ingénieurs qui se trouvaient derrière, face à leurs panneaux de contrôle, que nous avons compris que ces quelques secondes leur avaient semblé plus longues qu'à nous. Parce qu'ils se trouvaient cantonnés dans leur rôle d'observateurs, qu'ils étaient moins directement impliqués dans la conduite de l'avion à ce moment-là. Il faut dire également, et nous l'avions déjà expérimenté, que la coupure d'un moteur à Mach 2 n'a posé aucun problème de contrôle de l'avion ».

« Cette fois, les circonstances nous avaient imposé cette manœuvre mais elle s'est révélée extrêmement facile ».

« Nous avons alors commencé à réduire notre vitesse, nous avons prévenu le contrôle de Brest de nos ennuis, mais c'est tout. La situation nous semblait à nouveau normale. A tel point que Michel Rétif, le mécanicien, m'a dit : “Mais au fond, on pourrait peut-être le remettre en route, ce moteur, avant de repasser à vitesse subsonique ?..." Nous avons bien réexaminé les paramètres des moteurs, ils étaient bons. Alors, on l'a remis en route ! Et le moteur n° 4 s'est rallumé sans problème. Par précaution, et bien que nous fussions en cours de décélération, donc que nous n'ayions pas besoin de la pleine puissance, on l'a poussé un peu, ce n° 4. Là, grosse explosion. Cette fois, on l'a coupé à nouveau et on s'est dit : "Plus touche !..."».

« Lorsque nous nous sommes retrouvés à vitesse subsonique, en dessous de la vitesse du son, un ingénieur est allé se mettre a l'hyposcope, autrement dit un périscope monté à l'envers, dont nous disposions sur l'avion à l'époque, et qui permettait, de l'intérieur, d'examiner la partie inférieure de celui-ci, le dessous de l'avion. L'ingénieur est donc allé voir... et il est revenu au bout de quelques minutes, tout pâle :

– *Gilbert,* m'a-t-il dit, *la rampe du moteur n° 4 n'est plus là !...*

« La rampe, c'est une surface métallique, d'une longueur de 1 m 50 environ, mue par des moteurs hydrauliques, qui sert à contrôler l'air à l'intérieur de l'entrée d'air lorsque l'on vole à vitesse supersonique. En gros, c'est cela. Pour être plus précis, la rampe sert à contrôler l'onde de choc qui apparaît sur l'avion à vitesse supersonique, afin d'adapter le débit d'air en fonction de la vitesse de l'avion et de la demande du moteur. Bon. Mais cette rampe n'était plus en place! Et là, nous avons commencé à nous inquiéter un peu. L'affaire devenait sérieuse. Nous avons donc renvoyé l'ingénieur à son hyposcope, car il avait mal vu, à cause d'un peu de buée qui s'était déposée sur l'hyposcope et il est revenu... encore plus pâle, en disant cette fois :

– La lèvre d'entrée d'air est fendue en deux et bat dans le courant d'air !...

La lèvre d'entrée d'air, autrement dit la partie inférieure basse de l'entrée d'air du réacteur, était effectivement fendue en deux sur soixante à soixante-dix centimètres ».

« Nous avons été obligés de nous rendre à l'évidence et de constater que nous avions subi des dommages relativement importants. Nous avons donc décidé de gagner le terrain le plus proche, Brest en l'occurrence. Et puis, mon Dieu, en arrivant à proximité de Brest, nous avons continué... Dans le fond, ça volait, ça vibrait très peu, nous avions réduit notre vitesse pour épargner ce moteur dont on savait maintenant qu'il avait probablement avalé une incroyable quantité de ferraille. Alors autant essayer de se rapprocher de Toulouse, nous pouvions toujours nous poser en route si le moteur n° 3 lâchait. Car nous avions quelques doutes. Est-ce que le moteur n° 3, accolé au 4, n'avait pas souffert, lui aussi ? Mais non, à peine un petit frisottis, une petite vibration, tout fonctionnait bien. Et c'est ainsi que nous avons regagné Toulouse. Il valait mieux rejoindre la maison-mère pour examiner et dépanner l'avion, le décortiquer. Mais lorsque nous avons pu voir les dégâts subis par l'entrée d'air, là, nous avons été impressionnés. Vraiment. Mais plus encore quand nous avons vu le moteur. Car lui était pratiquement vide de tout aubage, comme plumé de l'intérieur ![1]. Alors, bien sûr, nous étions tristes d'avoir mis en évidence un problème - qui a été réglé depuis - de la résistance des charnières des volets mobiles des entrées d'air, mais d'un autre côté nous avions tout lieu d'être satisfaits. Car en matière d'essais d'ingestion de corps étrangers dans un réacteur, selon l'expression consacrée, personne ne peut prétendre être allé aussi loin! Bien entendu, on a renforcé les charnières, on a répété ensuite des centaines, je dis bien des centaines de fois l'incident, afin d'être sûr que cela ne se reproduirait pas en exploitation. Et cela ne s'est plus jamais reproduit ».

« A titre personnel, ce que je retiens, c'est que placé dans une situation franchement anormale, brutale, sans préavis, il me semble... oui, il me semble que l'on ne peut même pas se poser la question de savoir si l'on a peur ou non. On travaille, on fait son métier, on pilote son avion, il regimbe, alors on essaie de toutes ses forces, de tout son savoir, de le remettre dans le droit chemin... Ce qui suffit amplement à nous occuper. Vue de l'extérieur, la situation peut paraître inquiétante, pour celui qui subit, par exemple, mais pas pour celui qui doit décider. Aucun mérite à cela. Le bon sens prime. Dans des cas de ce genre, on cherche à réagir avec bon sens, on n'a pas le loisir de rêver ou de faire du cinéma. C'est tout ».

(l) La partie avant d'un turboréacteur est composée d'une entrée d'air derrière laquelle est placé le compresseur. Celui-ci est constitué de rangée successives d'aubages, montés sur des disques qui tournent à grande vitesse. C'est ce mouvement de rotation qui permet de communiquer à l'air absorbé par le réacteur une énergie que l'on transforme ensuite en pression, avant que cet air soit admis dans la chambre de combustion.

Cela, c'était en 1971. Bien des années se sont écoulées ensuite, années d'incertitude, d'espoir, de lutte. Contre vents et marées, l'idée folle des Français et des Britanniques a continué de prendre tournure, grâce au travail discret des techniciens, des ouvriers, des pilotes et ingénieurs d'essais auxquels s'ajoutent Pinet, Jean Franchi, etc.

Méthodiquement, l'avion a franchi les étapes, accumulant les heures de vol qui étaient nécessaires à sa certification.

Mais la mise en service de *Concorde*, on le sait, devenait de plus en plus une affaire politique. La nonchalance britannique et l'hostilité qui grandissait aux États-Unis allaient avoir de graves répercussions sur le programme.

Dans les premiers mois de 1976, Pierre Dudal, pilote de marque de *Concorde* pour Air France assurait le premier vol commercial supersonique Paris-Rio de Janeiro via Dakar.

A bord de cet avion qui rapprochait davantage encore les continents, des passagers enthousiastes. En fait, une poignée de privilégiés.

Des conditions économiques peu satisfaisantes, la crise aiguë du transport aérien, l'amertume d'un peuple américain habitué à occuper la première place dans le domaine de la technologie, et qui se refuse à accepter le progrès qui vient d'ailleurs, auront raison d'un rêve fou, fou, fou.

Seules les compagnies nationales Air France et

British Airways maintiendront leurs commandes de l'avion supersonique. Les compagnies américaines annuleront les leurs. Commercialement, c'était la fin de *Concorde*, même si aujourd'hui le bel oiseau continue de franchir chaque jour l'Atlantique, sous les couleurs françaises et britanniques.

LE TREIZIÈME RAID

Gordon Carter se souvient sans beaucoup de plaisir qu'il fut, il y a un peu plus de trente ans, un de ces aviateurs qui déversèrent la mort sur l'Allemagne, un membre d'équipage de bombardier pendant la Seconde Guerre mondiale. Simple épisode dans la vie d'un homme qui avoue calmement que, jusqu'a l'âge de dix-huit ans, il était *presque* un objecteur de conscience.

Il faut dire que le contexte s'y prêtait. Le Britannique Gordon Carter vivait depuis deux ans aux États-Unis. Aux Etats-Unis où, dans le milieu universitaire où il se trouvait, on était plutôt pro-Allemand que pro-Allié. Par réaction. Parce que beaucoup d'Américains estimaient que leur pays avait été entraîné contre son gré dans la guerre en 1917. Et que refuser de se laisser entraîner encore une fois constituait une juste mesure d'auto-défense. Il s'agissait tout simplement de protéger l'Amérique contre un enchaînement incontrôlable de conséquences. Dans les grandes villes américaines, les manifestations pro-nazies, bruyantes, très voyantes, menées par des Américains d'origine allemande, n'étaient pas rares.

Pour Gordon Carter, il n'était évidemment pas question d'y souscrire. Aussi décida-t-il de gagner le Canada, puisqu'il lui était impossible de retourner en Grande-Bretagne, afin de s'engager. Mais de s'engager dans une unité d'ambulanciers, en stricte conformité avec ses idées d'alors. Pour une question d'âge - il n'avait pas encore tout à fait dix-huit ans –, on lui opposera une fin de non-recevoir. Le hasard, le simple hasard, assure-t-il, lui fera alors choisir l'aviation.

Avec toujours l'idée de demeurer en dehors des combats. De devenir instructeur, par exemple. Le voici donc à l'école du personnel navigant de la Royal Canadian Air Force. Où il se rend très vite compte que le pilotage ne lui convient guère. Alors, c'est dit : il sera navigateur. "Je ne l'ai jamais regretté..." affirmait-il quelque trente ans plus tard. Dieu sait pourtant que cette spécialité-là ne recueillait que mépris de la part des élèves-pilotes, et parmi ceux-ci, des élèves-pilotes de chasse.

Il devient alors élève *air-observer* et réussit ma foi fort bien. En tout cas, il garde un souvenir impérissable des vols d'entraînement à bord de vieux avions au-dessus de régions sauvages, en pleine nuit, dans un froid glacial qui gelait les mines des crayons gras et les doigts des malheureux novices. Dur apprentissage, mais profitable par la suite, surtout quant à la formation du caractère.

Nouveau breveté, il est embarqué sur un bateau en direction de l'Angleterre. Pour ces jeunes Américains, Canadiens... ou Britanniques, les sentiments pacifistes qu'ils avaient pu nourrir de l'autre côté de l'Atlantique s'étaient évanouis en cours de traversée. Maintenant, oui maintenant ils voulaient se battre. On allait leur en fournir rapidement l'occasion. Les équipages furent constitués, à raison de sept hommes par avion, et parfois aussi de... sept nationalités, tant le recrutement était disparate.

Alors, commença la ronde des missions de bombardement au-dessus de l'Europe occupée, avec la chasse allemande courant aux trousses des gros avions quadrimoteurs lourdement chargés, avec la D.C.A. martelant, criblant le ciel d'obus. Routine que venait parfois troubler l'événement auquel chacun se préparait, en espérant secrètement qu'il ne se produirait jamais : la mise à mort du bombardier, le saut dans l'inconnu pour les sept hommes. Du moins pour ceux qui réussissaient à s'échapper.

« Ma vie de navigateur en opérations peut se diviser en plusieurs périodes, racontait Gordon Carter. La première s'étend du premier au treizième raid de bombardement. Le reste... le reste nous en parlerons plus tard. Pour ce qui est de ce treizième raid, il a eu lieu le 13 février 1943. Nous allions ce soir-là sur Lorient quand nous avons été touchés par la D.C.A. Aussitôt, le pilote a fait demi-tour, avec l'espoir de maîtriser l'incendie qui s'était déclaré dans un moteur et de regagner notre base. Très rapidement, il a fallu nous rendre à l'évidence : le feu continuait de plus belle et la seule solution pour nous consistait à sauter en parachute. Nous volions alors à 10 000 pieds, environs 3 000 mètres, par un magnifique clair de lune, à 9 heures du soir ».

« Évidemment, beaucoup de choses se sont passées à ce moment-là. Étant assis dans le nez de l'avion, je devais sauter le premier. C'est dans des circonstances pareilles que l'on se rend compte que l'on a acquis des automatismes lors des entraînements. Cela, malgré le fait qu'au cours des répétitions, nous ne sautions pas véritablement. Pourquoi risquer, en effet, des fractures, ou pire, de tuer quelqu'un à l'entraînement ? En théorie, du moins, je savais très bien ce que j'avais à faire et j'ai eu la chance de réussir à le faire ».

« En premier lieu, je devais saisir le sac du parachute qui me servait de coussin sur le dossier de mon siège et l'accrocher aux harnais que je portais sur moi. Il fallait ensuite que je me penche et que je tourne la poignée de la trappe placée dans le plancher de l'avion, que je la soulève, que je la dégage bien, et que je la passe au bombardier qui était à ma droite dans le nez de l'avion, pour que lui puisse la dégager complètement ».

« Là, deux problèmes. Beaucoup de types ont fait le geste de tourner la poignée, mais ils n'ont jamais pu ouvrir la trappe, car les mécaniciens avaient huilé ou la serrure, ou les gonds, et l'huile avait gelé en altitude. Alors, pour eux, impossible d'ouvrir. Nous, nous avons eu la bonne chance de n'avoir pas pensé à huiler la trappe, ou de ne pas avoir eu de mécaniciens au sol qui auraient pensé à le faire. Ensuite, ce qui se passait pour beaucoup de gens, c'est que si on enlevait mal la trappe, celle-ci se coinçait dans le trou d'évacuation et c'était terminé. Enfin, bref, pour nous, tout s'est bien passé ».

« Je mets donc mes pieds dans le trou et pffft... mes bottes ont fichu le camp, aspirées par le vent. Me voilà donc arc-bouté au bord du trou, moi à qui revenait le privilège de dire le premier : “Navigateur... bailing out !...” pour obéir au pilote qui avait crié quelques instants avant : “Bail out !... Bail out !... Bail out !...” (ordre d'évacuation) ».

« Passons sur les détails. Je ne me souviens même pas d'avoir tiré la poignée du parachute, il y a eu le choc de l'ouverture de la corolle, un choc à vous rompre les os et je me suis retrouvé pendu au bout des suspentes, au-dessus de la Bretagne ».

« Arrivé à une centaine de mètres du sol, c'est-à-dire quelques secondes avant le contact, je commence à voir, je commence à entendre un homme - une voix jeune - en dessous de moi, qui m'attendait, qui criait vers moi avant même que je touche terre. Aujourd'hui, je ne me souviens plus de ce qu'il disait et je ne me souviens plus de ce que je lui ai répondu au cours de cette conversation entre ciel et terre. En revanche, je me rappelle très bien ce qu'il m'a dit lorsqu'il m'a tout de suite serré dans ses bras. Il m'a dit : “Tu es mon frère !...” sans doute par une sorte d'instinct, pour engager la conversation ».

« Je l'ai donc suivi dans la ferme que j'avais aperçue à quelque distance de là au cours de la descente, une vieille ferme bretonne comme on n'en voit plus, mais comme il en existait encore beaucoup à l'époque. Un sol de terre battue, le lit clos, la vieille grand-mère édentée assise devant le feu, oui, on n'en voit pour ainsi dire plus. Et alors un de mes camarades d'équipage, un Canadien nommé Napoléon, Nap', comme nous l'appelions, Nap' Barry, Nap' s'est finalement retrouvé avec moi dans cette ferme. Il était tombé à huit cents mètres de là et avait été récupéré par les mêmes gens qui m'avaient accueilli. Précisons tout de suite que le reste de l'équipage a " atterri " de l'autre côté du canal de Nantes à Brest, ce canal nous a en quelque sorte éloignés les uns des autres à tout jamais...».

« Nap' et moi, il fallait que nous nous sauvions de la ferme avant l'aube, car dès qu'un avion allié tombait, les Allemands se mettaient à la recherche des membres d'équipage et nous n'avions pas intérêt à rester dans les parages ».

« Personnellement, j'avais dans un sac, sur mon dos, sous mes harnais de parachute, un complet civil, que je portais constamment durant les missions. Et comme de plus j'avais des bottes de vol qui, à la rigueur, pouvaient passer pour des chaussures civiles, je me trouvais assez bien équipé pour une évasion ».

« Vous me direz : mais pourquoi de telles précautions ? Tout simplement parce que, quelques mois auparavant, j'avais déjeuné dans un hôtel à Bournemouth en compagnie d'aviateurs français. Ils m'avaient persuadé qu'il me serait possible de m'évader au cas où je tomberais en France, à condition de me préparer à une telle éventualité. J'avais donc de quoi me vêtir. Quant à Napoléon, le fermier lui a fourni ce qu'il fallait, ainsi qu'un petit sac contenant quelque nourriture, du pain et une bouteille de cidre. Et puis nous sommes partis, nous dirigeant comme ça vers le sud-est, avec l'intention arrêtée de gagner l'Espagne. L'Espagne, c'était pour nous l'espoir de pouvoir rejoindre Londres ensuite, parce que la Suisse, c'était l'internement. à coup sûr ».

« Au cours des nuits suivantes, nous avions décidé de nous arrêter tout simplement dans les fermes et de dire aux fermiers qui nous étions. De suite, à chaque fois, nous étions recueillis, lavés, nourris, logés, couchés dans les grands lits clos et puis, au mati, remis en route pour le trajet suivant. Tout cela jusqu'à ce que nous soyons déposés un jour à Guémené, à l'arrêt du car qui allait à Pontivy où on nous attendait ».

« Seulement, monter dans le car n'était pas chose facile, il y avait bien dix fois plus de passagers-candidats que de places dans le véhicule. Alors, qu'avons-nous fait? Eh bien, encore une fois, nous avons tout simplement dit au conducteur qui nous étions et alors là... pffft il nous a fait monter à bord par l'arrière et, très vite, dans le car, plus personne n'ignorait que nous n'étions pas des voyageurs comme les autres. Mais nous n'avions rien à craindre ».

« A Pontivy, c'est Pierre Valy, du Grand Café, qui nous a reçus et logés. Et c'est chez Pierre Valy qu'est venu nous trouver Guy Lenfant, de son nom de guerre Guy Dubreuilh, qui s'occupait de tout autre chose que des aviateurs en cavale. Son travail, à lui, c'était les parachutages. Un type invraisemblable, comme je pense qu'il n'en existait pas deux en France, et peut-être même ailleurs. Impossible à décrire. Enfin... disons que c'était un type relativement jeune, qui avait fait sienne la formule selon laquelle plus on est culotté, mieux on s'en sort. Dans sa position, vous voyez ce que cela pouvait donner ! ».

« Ce gars-là avait loué une belle maison, et dans chaque pièce, partout, il avait mis des photographies. Et il expliquait froidement : "Voyez, selon le visiteur, je mets de Gaulle de face, ou alors Pétain, qui se trouve côté pile !...". Ce monsieur, qui recevait de ses parachutages toutes sortes de choses, ne fumait que des cigarettes anglaises ».

« De surcroît, il ne voyageait qu'à motocyclette, une motocyclette non immatriculée, mais sur laquelle il avait posé une plaque marquée *V-1918*, des chiffres qui, à l'époque, représentaient une espèce de signal de ralliement de la Résistance en France. "Et alors, disait-il, il faut bien qu'il existe une plaque de ce genre. Pourquoi pas ?..." Pourquoi pas, en effet ? Quand on évolue dans le loufoque... Car, en plus, Lenfant se rendait fréquemment en Angleterre avant d'être à nouveau parachuté dans l'étang de Ploermel ».

« Eh bien, ce type avait réussi à se mettre suffisamment bien avec les Allemands pour que, deux heures après son parachutage, deux heures après être tombé dans l'étang de Ploermel, il accompagne les Allemands qui partaient à la recherche du parachutiste ! ».

« Guy Lenfant s'occupait donc activement des parachutages. Je l'ai accompagné une fois ou deux, et je vous dirai que cela ne m'enchantait guère car c'était terriblement risqué, cette histoire. Je vous avoue que je préférais de beaucoup mes missions dans mon bombardier. D'autant qu'il exécutait tout cela avec toujours ce toupet impossible ».

« On allait à bicyclette et moi j'avais les pires ennuis, car en Angleterre, j'avais l'habitude de rouler à gauche. Je me souviens très bien que, rentrant d'un ramassage d'armes, avec des valises sur le porte-bagages avant, sur le porte-bagages arrière, un sac à dos sur le dos, tout cela bourré de munitions et d'armes, il me dit à l'entrée d'un village : "On attend la sortie du cinéma... – Comment ? – Eh oui, m'expliqua-t-il, car si on essaie de passer entre les patrouilles, ou de se glisser par derrière, pendant le couvre-feu, on est sûr d'être pris. Alors que si on passe en plein milieu des Allemands, personne ne se doutera de rien !... ».

« Et nous avons fait comme il avait dit, nous nous sommes glissés à bicyclette dans la foule des soldats allemands qui sortaient de la séance de cinéma. Lui à droite de la route, et moi à gauche. Pourtant, cela n'a pas été remarqué, alors que ce sont souvent ces choses-là que les officiers – pas la troupe – allemands remarquaient, car elles étaient révélatrices la façon de rouler à bicyclette, la façon de tenir une fourchette, la façon de fumer une cigarette, etc. ».

Guy Lenfant obtient enfin de Londres qu'un sous-marin vienne chercher Nap' et Gordon Carter. Une nuit, un message passé à la B.B.C., *La plume de ma tante est rouge*, annonce que tout est prêt pour l'embarquement. Les aviateurs se rendent sur la plage: en vain. Le submersible n'est pas au rendez-vous. Les deux hommes continuent alors d'errer pendant des semaines à la recherche d'un moyen qui leur permettrait de gagner l'Angleterre.

C'est alors qu'un de leurs anges gardiens, un certain Jo, a l'idée d'utiliser un bateau de pêche abandonné, couché dans la vase du port de Tréboul. Un bateau rayé de l'inscription maritime mais qui avait fait l'objet de soins particuliers de la part de son propriétaire. Une nuit, ils sont dix-sept à embarquer.

« Le port de Tréboul », se souvenait Carter par la suite, « débouche en quelque sorte dans l'ouverture du port de Douarnenez, qui donne sur la mer. Donc, lorsqu'on sort de Tréboul, on rentre dans le goulot, avant d'atteindre le large. Dans ce goulot, il y a une petite île, l'île de Tristan, et les bateaux qui sortent sont obligés de passer entre cette île et la terre ferme. C'est là que se trouvait le contrôle maritime. Les Allemands y étaient. Nous savions que chaque fois qu'un bateau se présentait pour sortir, les Allemands montaient à bord pour procéder à une visite de contrôle. Jamais, de mémoire de Tréboulais, ils n'avaient négligé de le faire. Nous savions aussi que depuis des mois, aucun bateau de pêche n'avait réussi à gagner l'Angleterre ».

« Mais c'était sous-estimer l'astuce des gens qui

avaient imaginé l'opération. Tout d'abord, un homme arriva à bicyclette devant le poste de garde, prétextant qu'on s'était plaint de l'installation électrique, que c'était inadmissible, car elle avait été refaite récemment, etc. L'homme tempêta Si bien qu'il réussit à attirer les sentinelles à l'intérieur du poste. C'est tout juste s'il n'avait pas arraché les fils pour faire plus vrai. Seulement, cela ne suffisait pas pour retenir l'attention des Allemands qui voyaient bien qu'un bateau s'approchait de la passe. Alors, à ce moment précis, deux hommes se présentèrent à leur tour et firent un boucan terrible à propos d'une voiture volée : "Comment, vous êtes là, vous êtes des militaires et vous n'êtes pas capables d'empêcher que l'on vole une voiture ! Nous tenons absolument à ce que vous rédigiez un procès-verbal, que vous téléphoniez à la gendarmerie, etc." Eh bien, ça a marché. Incroyable, invraisemblable mais vrai : pour la première fois – et sans doute la dernière – dans les annales de cette guerre, à Tréboul, les Allemands, agacés par ces incidents en série, ont simplement crié :

– *Où allez-vous ?*

– *Prendre du fuel de l'autre côté de la baie,* avons-nous répondu.

« Ils nous ont laissé passer. Après deux jours et deux nuits extrêmement pénibles, parce qu'il faisait un temps exécrable, nous avons hissé un drapeau français sur lequel nous avions peint une Croix de Lorraine avec du goudron. J'ai oublié de préciser que notre bateau s'appelait Dalc'h Mad, c'est-à-dire : *Tiens bon*. Nous avons tenu bon. Jusqu'à atteindre la terre. Un type qui relevait ses casiers de crabes nous a aperçus. Il est venu vers nous. En anglais, je lui ai demandé : *Where are we?* "Où sommes-nous ?" Il m'a répondu : *Land's end*, la pointe de Cornouailles. Nous y étions...».

Les Français qui se trouvaient à bord entrèrent de suite dans le circuit classique que devaient suivre tous ceux qui réussissaient à quitter la France. Afin, notamment, de s'assurer qu'ils n'étaient pas des agents que l'ennemi tentait d'introduire pour repérer les filières d'évasion.

Gordon Carter, lui aussi, dut subir les contrôles d'usage, à la base de la R.A.F. où on le conduisit. Les responsables militaires entendaient quand même vérifier que son récit était bien authentique, en raison du caractère extraordinaire qu'il présentait. Carter leur suggéra d'appeler sa tante, afin que celle-ci pût témoigner qu'il était bien authentiquement, véritablement... Carter. Ce qui fut fait. Il fut mis aussitôt dans le train, dans l'état où il se trouvait à l'heure de son débarquement : pieds nus, car il avait perdu souliers et chaussettes sur le bateau, lambeaux de costume, une barbe de plusieurs jours, et chose plus insolite encore, couvert de sel des pieds à la tête.

Malgré cela, il fut installé dans un compartiment de première classe, au milieu de gens qui, pour incroyable que fût la situation, ne posèrent pas une seul question durant le trajet jusqu'à Londres. Après quelques jours de vacances, l'occasion fut offerte à Gordon Carter d'effectuer une *tournée des popotes* soit en Angleterre, soit au Canada, afin qu'il pût faire profiter les aviateurs à l'instruction de son expérience exceptionnelle. Au lieu de cela, Carter, sur sa demande, put retourner dans son groupe de bombardement.

Faveur insigne, car on ne voulait pas que les gens abattus en Europe, et qui avaient réussi à s'évader, courent le risque d'être descendus à nouveau, d'être pris par les Allemands et contraints de révéler ce qu'ils savaient sur les filières d'évasion.

« Je suis donc retourné à mon groupe à la fin de 1943 et j'ai repris les missions habituelles. Quatorzième, quinzième... jusqu'à la cinquante et unième, la dernière. En février 1944 ».

« Entre-temps, j'avais déjà eu une chaude alerte au mois de décembre 1943. Nous revenions de bombarder la gare de Francfort. Comme nous étions chargés d'*éclaire*r l'objectif pour les autres bombardiers, nous étions descendus très bas, aux environs de 4 000 pieds (1 200 mètres). En fait, nos bombes n'étaient pas parties et il nous avait fallu les ramener en Angleterre. Pas question de larguer n'importe où ces marqueurs qui servaient de repères. En descendant au-dessus du terrain à 1 500 pieds (500 mètres), la fusée barométrique de ces bombes qui étaient restées à bord s'est déclenchée et tout a pris feu dans la soute. L'avion s'est transformé instantanément en brasier. Le pilote n'a pas traîné pour nous ordonner de partir et, en quelques secondes, je me suis retrouvé au sol. Je me souviens très bien d'avoir vu un arbre à l'envers, tellement j'étais près de la terre avant que mon parachute s'ouvre : la partie feuillue vers le bas, le tronc vers le haut Mais le mitrailleur supérieur, lui, n'a pas pu sauter car son parachute s'était enflammé. Le pilote, voyant cela, a ouvert la glace latérale de son habitacle, il a passé la tête dehors pour ne pas être aveuglé par la fumée, et, au jugé, il a posé son avion, un avion dans lequel tout, absolument tout, brûlait, il a posé son avion sur la piste. Il a quitté celle-ci pour ne pas l'encombrer et après avoir parcouru une centaine de mètres il a crié au mitrailleur : *Let's go !...* Autrement dit : taillons-nous ! Ce qu'ils ont fait tous les deux, à toute vitesse. L'avion a explosé alors qu'ils n'en étaient encore qu'à deux cents mètres...».

« J'en arrive maintenant au mois de février 1944, lorsque j'ai été abattu définitivement au-dessus de l'Allemagne. Nous allions sur Leipzig. C'était l'époque où les Allemands avaient beaucoup de réussite, que ce soit contre nous qui bombardions de nuit, ou contre les Américains, qui bombardaient de jour. Nous attaquions par masse de six cents, huit cents bombardiers ».

« A chaque sortie, nous perdions vingt, trente, quarante, soixante avions. Sur Leipzig, nous en avons en fait perdu quatre-vingt-neuf. Cette nuit-là, nous étions mal partis ».

« Nous savions que nous étions repérés. Au-dessus de la Hollande et de l'Allemagne du Nord, les chasseurs de nuit lâchaient des espèces de fusées qui créaient de grandes taches lumineuses sur les nuages, au-dessus desquelles nous nous détachions comme en plein jour pour les chasseurs qui se tenaient plus haut que nous. Notre avion a été abattu au-dessus de Celle, alors que nous volions à une altitude de 23 000 pieds (près de 7 000 mètres). Le moteur intérieur gauche a été touché tout de suite ».

« A partir de là, nous savions que, pour nous, tout se jouait en quelques instants. La statistique a démontré qu'en moyenne un bombardier touché à un moteur explosait dans les vingt secondes qui suivaient. En 1943, nous traînions pour sauter, mais plus en février 1944 ».

« Me voici donc pendu à mon parachute, me disant : "Cette fois, je ne suis pas au-dessus de la France...", en pensant à tout ce que j'emportais : un costume civil, un imperméable civil, tout le bazar du parfait évadé, un revolver, etc. Il fallait m'en débarrasser, j'y pensais en descendant au milieu des autres bombardiers, j'y pensais encore en passant dans les nuages, mais je n'ai eu que le temps de jeter mon revolver et j'ai aperçu une forêt et, dans cette forêt, un chemin, un sentier. En tirant sur les suspentes de mon parachute, comme on me l'avait dit, je me suis guidé et j'ai atterri... sur le sentier ».

« Ensuite... ensuite, pendant trois jours j'ai parcouru une centaine de kilomètres. A pied. En plein mois de février, par un froid intense. Extraordinaire, quand j'y pense. J'ai été fait prisonnier au bout de trois jours par un chasseur de corbeaux, parce que des enfants m'avaient dénoncé. J'ai été hébergé par des gens très aimables qui m'ont demandé de revenir après la guerre. Puis la police m'a pris en charge, m'a amené à la préfecture où le procureur et moi, lui dans un très mauvais anglais, et moi dans un allemand détestable, nous avons commencé à nous disputer à propos de la guerre ».

Carter est envoyé à Francfort pour être interrogé; il est ensuite expédié en Allemagne de l'Est, au stalag nº 3 où il restera enfermé un an et demi.

« Je suis arrivé juste à temps pour pouvoir participer à l'aventure dont on a tiré un film, *La grande évasion*. Avec un peu de chance, j'aurais pu faire partie de ceux qui se sont engouffrés dans le tunnel et qui se sont évadés, mais au tirage au sort je n'ai pas eu le bon numéro. Je suis donc resté dans ce camp. Jusqu'à ce que les Russes pénètrent en Silésie et nous chassent de là, prisonniers et sentinelles confondus. Alors, nous avons pris la route...».

Puis vint enfin le jour où une petite automitrailleuse anglaise, baptisée John-Ann, récupéra enfin Gordon Carter. Bientôt, ses sentiments pacifiques d'avant-guerre reprirent le dessus.C'est ainsi que l'ancien navigateur de bombardier occupa quelques années à Genève le poste de délégué pour l'Europe de l'U.N.I.C.E.F., le fonds des Nations-Unies pour l'enfance...

FEU A BORD

Né presque avec le siècle, Walter Borner avait donc soixante ans le 25 février 1960. Un anniversaire malheureux pour l'homme qui, dès 1923, s'élançait dans les airs sur de drôles de machines. Car ce commandant de bord qui avait toujours vécu par et pour l'aviation, et qui avait tout au long de sa carrière été l'un des premiers à piloter les nouveaux avions, atteignait l'âge de la retraite. Juste au moment où sa compagnie, Swissair, venait de recevoir des appareils qui allaient révolutionner le transport aérien : des avions à réaction qui pouvaient transporter 140 personnes à près de 900 kilomètres/heure, vitesse jusqu'alors inconnue des passagers civils. Il s'agissait de quadriréacteurs *DC-8* construits par la société Douglas et qui entraient en concurrence avec les célèbres *Boeing 707*.

Bien plus tard, nous avons rencontré Walter Borner qui se souvenait parfaitement du jour où le couperet est tombé. « Le médecin de la compagnie, qui venait de me faire passer un examen complet, m'avait déclaré que tout allait bien, que j'étais encore bon pour le service. Alors la direction m'a laissé piloter encore mon *DC-6* à hélices jusqu'au 14 septembre, date à laquelle on me l'a enlevé. Les *DC-8* venaient d'arriver dans les hangars ».

« C'est alors qu'un des directeurs de Swissair m'a fait appeler. “Borner, m'a-t-il dit, on aimerait bien vous confier ce nouvel appareil, mais vous avez tout de même soixante ans passés, l'âge limite. Cette machine que nous venons de recevoir est formidable, mais elle est tout à fait nouvelle”. J'ai répondu que je la piloterais aussi bien que les autres. Il a alors ajouté : “Borner, le *DC-8* nous ne le connaissons pas encore très bien. Je suis persuadé que vous sauriez parfaitement vous débrouiller. Mais imaginez un instant qu'il vous arrive quelque chose. Ce serait un énorme scandale. On poserait beaucoup de questions. On demanderait notamment pour quelles raisons la compagnie vous a confié cet appareil alors que vous avez dépassé la limite d'âge”».

« Alors », poursuit Borner, « je lui ai donné raison, je me suis incliné. Puis je me suis rendu dans le hangar où était remisé mon vieux *DC-6* avec lequel j'avais accumulé tant d'heures de vol ».

Je devais d'ailleurs le revoir quelques jours plus tard pour la dernière fois. A la demande de Swissair, j'ai fait le voyage Genève-Zurich où se trouve le siège de la compagnie. Le *DC-6*, récuré de fond en comble, brillait sur le parking comme s'il était neuf. Après une petite cérémonie, on l'a remis à son nouveau propriétaire, le *pasteur volant* danois qui organise des charters ».

En 1975, Walter Borner avait donc soixante-quinze ans. Qu'avait-il fait depuis ce jour de 1960 où il a dû abandonner les long-courriers, la ligne, cette ambiance fascinante et très particulière que connaissent les personnels navigants, ces minutes enivrantes au cours desquelles on pousse la manette des gaz pour effacer la piste avant de prendre un cap pour un point quelconque du globe? De l'aéro-club, il en avait tâté. Mais pas longtemps. « Mon idéal », dit-il, était de défricher les lignes, de les développer, de voler toujours plus haut et toujours plus vite. Alors, faire comme un débutant des tours de piste avec un petit avion, cela ne m'a pas intéressé longtemps ».

Il se lance alors dans la politique et milite dans le parti radical. Il est élu député, conseiller municipal. Mais il continue de s'intéresser de très près aux choses de l'aviation. Il siège dans des commissions aéronautiques, donne son avis dès qu'il est question d'acquérir de nouveaux matériels, est invité à la moindre manifestation qui se déroule sur l'aéroport de Cointrin, à Genève. Il faut dire, qu'en Suisse, Walter Borner est une figure nationale.

Tout a commencé en 1911. Le tout jeune Walter est subjugué par ces hommes qui n'hésitent pas à voler sur ces *caisses*, ces *cordes à piano*. Il les observe, dévore le compte rendu de leurs exploits, réfléchit. Il se persuade un jour qu'il existe sûrement un moyen d'allonger le fuselage pour transporter des passagers. Donc de gagner de l'argent.

Walter Borner n'est pas le seul à imaginer ce que pourra être dans le futur le transport aérien. Les avions se transforment et commencent à pouvoir transporter quatre personnes. Le jeune homme rêve de plus en plus à ce qui pourrait devenir une ligne. Après la guerre 14-18, la Suisse fabrique sous licence un petit coucou, le *Wild*.

Deux places, une mitrailleuse synchronisée avec l'hélice, un moteur qui fume et qui fournit tout juste assez de puissance pour décoller.

Walter en rêve lorsqu'en 1923 il fait ses classes dans l'infanterie. Le grade d'officier lui ouvre les portes de l'armée de l'air et il passe son brevet de pilote. Il ne quittera plus l'aviation tout au long de sa vie active.

« J'ai créé une compagnie aérienne, se souvient-il. Grâce à un prêt de cent quatre mille francs, j'ai pu acheter mon premier avion, un *Junker F-13* monomoteur à ailes basses qui pouvait transporter six personnes. Je le baptisai *Aigle de Genève* ».

« Ma compagnie s'appelait *Borner-Genève-Air-Express*. Elle possédait un seul avion et pour tout personnel un seul pilote, moi-même, et un mécanicien. Ma femme était à la fois secrétaire, caissière, administratrice. Bien sûr, il n'était pas question pour moi de créer une ligne quelconque. Je me contentais d'emmener des touristes admirer le mont Blanc et le mont Cervin. Ou bien, j'organisais des baptêmes de l'air. Nous ne partions que par beau temps, bien entendu, et lorsque les conditions atmosphériques se gâtaient tout d'un coup, nous nous posions le plus vite possible dans un champ. Mais les clients ne se pressaient guère. Alors, un beau jour, j'eus l'idée d'offrir un vol à un centenaire. L'exemple fut probant. Mes affaires allèrent un peu mieux par la suite ».

Des concurrents ? Walter Borner en a qui sont beaucoup plus puissants que lui : l'Alpar de Berne, la Balair et l'Aéro Saint-Gall. Ces trois sociétés fusionneront avec l'Ad-Astra de Zurich pour fonder, en 1931, la Swissair. La *Borner-Genève-Air-Express* résistera jusqu'en 1933. Entre-temps, Borner a acheté un deuxième appareil, un petit *Junker A-50* tout ouvert, qui permet de prendre d'excellentes photographies. Il a un pilote à *mi-temps* – Borner n'a pas les moyens de l'engager – un de ses amis de l'armée de l'air. Mais l'aventure est bientôt terminée, la *Borner-Genève-Air-Express* est à son tour absorbée par Swissair.

Dans tous les pays industrialisés, la folle époque de l'aéronautique bat son plein dans ce premier tiers du vingtième siècle. En Suisse, c'est un officier, le major Arnold Isler, qui, le premier, avait crée des liaisons aéropostales entre Dubendorf et Zurich, entre Oberlindach et Berne. A l'époque, les avions qui assurent ce transport de courrier sont des appareils militaires, des *Hafeli DH-3* de fabrication suisse.

L'expérience s'étend doucement, et bientôt, le *DH-3* s'offre le luxe d'emmener des passagers... ou plutôt, un passager. Pour trois cents francs, ce privilégié a le droit de s'asseoir derrière le pilote, à la place de l'observateur. L'avion relie Genève à Zurich en deux heures vingt minutes, y compris les escales à Lausanne et Berne.

Dix ans passent, dix années de balbutiements, et vient alors la création de Swissair, le 26 mars 1931. Société anonyme suisse avec un capital-actions de huit cent mille francs, elle dispose dans les hangars de neuf *Fokke*r (dont huit trimoteurs), de deux *Dornier-Mercure*, d'un monomoteur *Messerschmitt M-18*, d'un *Comte AC4*. Au total : 86 places.

Le personnel navigant comprend dix pilotes, sept radio-télégraphistes et huit mécaniciens de bord. Le réseau s'étend sur 4203 kilomètres. Les lignes Paris-Bâle-Zurich et Paris-Genève via Lyon sont créées dès mai le mois de mai 1931. L'activité aéronautique de la compagnie est limitée à sept mois, de mars à octobre, car les avions ne peuvent voler que par beau temps, du fait du manque d'instruments pour le pilotage sans visibilité.

Mais, grâce à deux hommes, Balz Zimmermann et Walter Mittelholzer, la modernisation vient vite. En avril 1932, la Swissair est la première compagnie européenne à mettre en service des avions de construction américaine, les *Lockheed Orion* : 260 km/h, 950 kilomètres de rayon d'action, 4 passagers. C'est la révolution et c'est un succès. Quelques mois plus tard, Borner entre comme pilote dans la nouvelle société qui étend de plus en plus ses activités. Après la ligne express Zurich-Munich-Vienne, assurée en cent quarante minutes, d'autres liaisons sont inaugurées, et en 1934, la compagnie aérienne met en service un bimoteur, le *Curtiss-Condor* qui peut transporter 15 à 16 passagers. Innovation: pour la première fois, une hôtesse veille sur le bien-être des passagers.

C'est la première hôtesse de l'air européenne, ou plutôt *stewardess* comme on disait alors à Swissair. Elle était jeune et blonde, ses cheveux étaient bouclés, elle s'appelait Nelly Diener. A bord du *Condor* qui assure alors la liaison Zurich-Stuttgart-Leipzig-Berlin, elle inaugure ses fonctions. En fait, elle tient le rôle de maîtresse de maison.

« Avant le décollage », se souvient Borner, « elle allait faire le marché et rapportait les provisions. Bien entendu, il n'y avait pas de cuisine à bord de l'appareil alors Nelly disposait le tout dans un panier d'osier : sandwiches, boissons et aussi la trousse à pharmacie. Une autre de ses missions consistait à parler avec les passagers, à les rassurer lorsque les conditions météorologiques étaient mauvaises ».

« Nelly Diener a disparu dans un accident, poursuit Walter Borner. Sur le *Condor*, qui était un biplan, le moteur était suspendu entre les deux ailes. Un jour, le moteur droit est parti, entraînant une aile. Cela se passait entre Zurich et Stuttgart. Le pilote n'était plus maître de l'appareil, il ne pouvait plus rien faire. Au dernier moment, à l'approche des arbres, la machine a pu faire un mouvement de redressement. En vain. L'avion a touché les cimes, il a tracé un chemin dans le feuillage et il s'est écrasé. Tout le monde a péri ».

Borner commence donc à assurer des liaisons pour Swissair. A cette époque, les moyens de navigation ont fait quelques progrès. Tout de même, voler nécessite à l'époque de la part des pilotes une certaine dose d'optimisme, du sang-froid, une extrême attention.

« A bord du *Messerschmitt*, raconte Walter, nous volions presque au ras des pâquerettes pour chercher notre chemin. Comme système de liaison avec le sol, nous disposions de la télégraphie ce qui nous imposait d'embarquer un spécialiste car le pilote avait déjà assez de travail ».

« Par une très belle journée, il n'y avait pas trop de problèmes. On avait une visibilité de plusieurs dizaines de kilomètres et une carte sur les genoux. Nous connaissions la route et nous avions nos repères. La boussole, on n'en avait même pas besoin. On a commencé à l'utiliser par la suite avec une certaine méfiance. Je ne la consultais que lorsque j'étais sûr de mon cap, lorsque j'avais par exemple repéré la ligne de chemin de fer qu'il me fallait suivre ».

« Petit à petit, les avions ont commencé à être équipés d'instruments de bord convenables qui permettaient notamment le pilotage sans visibilité. Auparavant, on évitait soigneusement les nuages, à présent on pouvait les traverser. En principe; tout au moins, car d'autres difficultés ont surgi. Le brouillard, par exemple, qui se transformait en glace. Eh bien, on ne disposait d'aucun moyen pour faire disparaître cette glace qui s'accumulait, qui alourdissait dangereusement l'appareil ».

« Alors, pour protéger mon *Fokker*, puis mon premier *DC-2*, quand je savais qu'il me fallait traverser des nuages et qu'il y avait un risque de voir la voilure se couvrir de verglas, j'enduisais le bord d'attaque des ailes avec de la graisse afin que la glace ne puisse s'accrocher. Ensuite seulement est venue la baudruche. Il s'agissait d'un dégivreur pneumatique plaqué contre l'aile et qui comportait plusieurs compartiments. Lorsque l'un se gonflait, l'autre se dégonflait aussitôt et ainsi de suite. Ce mouvement permettait de casser la glace ».

1935 : la Swissair inaugure la ligne Zurich-Bâle-Londres avec les nouveaux avions de la firme américaine Douglas, les *DC-2*. Pour la première fois, des avions à croix blanche sur fond rouge survolent la mer. Bien vite, le *DC-2* laisse la place au célèbre *DC-3*, dont plusieurs centaines d'exemplaires voleront encore dans le monde en 1975. La guerre de 39-40 qui survient oblige alors Swissair à cesser ses activités. Walter Borner rejoint son escadrille. Lorsque après le conflit il retrouve la compagnie, cette dernière vient de recevoir ses premiers *DC4*. Et, en 1947, il effectue avec l'un de ces quadrimoteurs la première liaison Genève-New York.

« L'appareil pouvait transporter quarante-quatre passagers et voler pendant près de quinze heures. Pour se diriger, on prenait des contacts radio avec les onze bateaux balise qui stationnaient dans l'Atlantique. Leur mission était capitale donner des renseignements météo et indiquer la position de l'avion ».

« Pour ce premier vol Genève-New York, j'ai donc

décollé de l'aéroport de Cointrin et après de longues heures, je me suis posé à... Washington. En effet, quand je suis arrivé au-dessus de New York, je me suis trouvé en plein brouillard, cinq cents mètres de visibilité. Avec des buildings au bout de la piste de l'aéroport La Guardia ! A l'aérogare, les officiels suisses et américains attendaient l'instant où je poserais mes roues pour célébrer l'événement. Eh bien! nous sommes passés au-dessus de leur tête et j'ai gagné le terrain de Washington. Pour une inauguration, ce fut plutôt raté ».

Après New York que Borner rejoint deux jours plus tard, c'est l'ouverture de nouvelles lignes : Damas, Rio de Janeiro, Buenos Aires. Et Johannesburg. La liaison la plus longue, dix mille kilomètres que le *DC-4* parcourait en 26 heures y compris les escales, notamment à Tunis et à Léopoldville.

« La première version du *DC-4* n'ayant pas de cabine pressurisée, dit Borner, on ne pouvait dépasser l'altitude de 3 000 mètres sous peine d'incommoder sérieusement les passagers. Si bien qu'on éprouvait quelques difficultés quand on rencontrait du mauvais temps. D'autant que les renseignements météo en Afrique étaient contradictoires, faits à l'estime d'après des renseignements glanés à droite et à gauche, et qu'ils couvraient de trop longues distances pour être exacts. Parfois, on nous annonçait la présence de cumulus en fait, on trouvait des nimbus avec pluie ».

Un jour, Walter Borner qui vient de faire escale à Léopoldville, se dirige avec son *DC-4* vers

Johannesburg. Le début du voyage est sans histoire. Mais bien vite, il rencontre des difficultés.

« Le temps était exécrable, je n'y voyais pas grand-chose, dit-il. J'ai demandé alors au navigateur de faire le point car je craignais que l'on s'écarte de la route. C'est alors qu'il m'a signalé à l'extérieur des petits nuages jaunes, comme une sorte de fumée ».

« Dans le même temps, un steward est venu m'avertir qu'un de nos passagers avait très chaud sur son siège. Plus de doute, il y avait le feu à bord, vraisemblablement dans la soute qui se trouvait à l'arrière de l'appareil ».

« A ce moment précis, toutes les aiguilles de mes instruments de bord se sont inclinées avec un bel ensemble vers le zéro. C'était la poisse. Je ne savais plus quel était le niveau de carburant dans les réservoirs, j'ignorais mon cap. Bref, plus rien ne marchait. J'ai confié les commandes au copilote et je suis allé voir ce qui se passait en essayant de rassurer les passagers qui commençaient de s'inquiéter sérieusement ».

« On a démonté le plancher et on a compris assez vite la raison de l'incendie. Le feu avait été provoque par des plateaux-repas qui n'étaient pas de la bonne dimension. Ils avaient glissé au fond et, en touchant des fils électriques, avaient provoqué un court-circuit. Tous les relais étaient grillés. Nous avons pu, assez rapidement, venir à bout de ce début d'incendie à l'aide des extincteurs ».

« Mais il fallait encore pouvoir rejoindre Johannesburg. Sans instruments de navigation, sans radio.

Les choses ne se présentaient pas très bien. J'ai décidé alors de perdre de l'altitude pour mieux y voir car le temps ne s'était pas amélioré. Arrivé à cinq cents mètres de haut à peu près, j'ai cherché mon chemin avec l'aide du navigateur. Nous avons un peu peiné pour nous y retrouver mais, en définitive, nous sommes arrivés à Johannesburg. Avec une heure cinq minutes de retard et j'ai appris, plus tard, que les autorités, ne nous voyant pas venir, étaient sur le point de déclencher l'alerte ».

« Nous n'étions pas au bout de nos peines. J'avais actionné la sortie du train d'atterrissage mais, faute d'instruments, j'ignorais si la manœuvre avait été convenablement effectuée. En bas, ils s'étonnaient de mon silence radio et ne comprenait pas pour quelles raisons j'hésitais à me poser sur la piste qui était libre. Alors, à plusieurs reprises, je suis passé en rase-mottes au-dessus de la tour de contrôle tout en actionnant la manette qui commandait la sortie du train ».

« Finalement, ils ont compris et ils ont lancé une fusée verte pour m'indiquer que le train était convenablement verrouillé et que je pouvais atterrir. Lorsque les roues ont touché le sol, nous avons poussé un énorme soupir de soulagement dans le cockpit ».

En 1975, dans sa maison plantée sur les hauts de Versoix, Walter Borner se souvenait. Lorsque les avions lui manquaient, qu'il éprouvait un besoin irrésistible de les regarder, de les approcher, il se rendait à l'aéroport de Cointrin, un aéroport très moderne où il tentait de retrouver la piste en herbe sur laquelle, cinquante-trois ans auparavant, il se posait avec son fidèle monomoteur, le *Junker F-13.*

LE MIRAGE ET LA FOUDRE

Rapide comme l'éclair, il se pose comme une fleur... : pendant longtemps ce slogan a servi à caractériser les mérites de l'avion de combat dont le nom est connu dans le monde entier : le *Mirage III*. Son constructeur, Marcel Dassault, l'avait baptisé ainsi par analogie avec le mirage du désert, insaisissable à celui qui le poursuit. Rapide comme l'éclair, le *Mirage* l'est à coup sûr, même si dans certains cas l'éclair l'a rattrapé, ainsi que nous le verrons, ainsi qu'a pu le constater en tout cas, l'un des pilotes qui en a pris les commandes. Mais il est vrai aussi que cet appareil qui vole à plus de deux fois la vitesse du son, à plus de deux mille kilomètres à l'heure, *se pose comme une fleur...* C'est-à-dire que son pilotage au cours de l'une des phases les plus délicates du vol, l'atterrissage, ne présente pas de véritable problème. Alliance unique de la puissance du vol et de l'aisance, qui se retrouve pratiquement chez chaque membre de la famille *Mirage*, ce nom servant en fait à designer des appareils de types parfois très différents.

Conçu initialement comme un intercepteur - il devait prendre le relais de l'avion-fusée *Trident* qu'a piloté Jacques Guignard –, comme un appareil capable d'aller à la rencontre d'un adversaire et de l'abattre, le *Mirage* est aussi devenu bombardier de la Force nucléaire stratégique, sous la forme du biréacteur *Mirage IV*. Aujourd'hui retiré du service. Mais également, avion de pénétration lointaine et d'attaque à basse altitude, quelles que soient les conditions météorologiques, dans sa version dite *Mirage III E* (pour Electronique, par référence à l'équipement sophistiqué dont il était doté). Dans ce cas-là, il était équipé d'un radar qui permettait au pilote de naviguer à faible hauteur, sans voir le sol, en se repérant sur les caractéristiques géographiques de la région qu'il survolait, jusqu'à l'objectif qui lui avait été assigné(1). Tâche extrêmement lourde pour un homme seul à bord, qui devait non seulement se diriger vers sa cible, mais encore piloter son avion dans des conditions parfois éprouvantes, la turbulence étant souvent extrêmement forte près du sol, les nuages, la mauvaise visibilité ou la nuit compliquant encore son travail. C'est pourquoi ils n'étaient vrai-

(1) Toujours équipé d'un réacteur Atar, construit par la société française S.N.E.C.M.A., le Mirage a été construit en de très nombreuses versions, outre la version E dont il est ici question. A côté du Miragc C – pour Chasse – il existait en effet la version R, pour Reconnaissance, ou la version B, pour Biplace (avion d'entraînement en double commande), et le Mirage F-1. Aujourd'hui, le Mirage 2000 a pris le relais, lui aussi en plusieurs versions.

ment qu'une poignée en France, à voler sur *Mirage III E*, et à être capables d'effectuer cette mission-là, dans les années 1960-1970. Jean-Louis Lengaigne était l'un d'eux avant qu'il ne quittât l'armée de l'Air pour entrer comme pilote civil à la compagnie française U.T.A. Changement radical pour ce garçon de trente-cinq ans qui ne rêvait que de vol sur avion monoplace. Seul à bord. Seul dans l'étroite cabine d'un appareil de combat. Et souvent, seul dans le ciel. "Le monoplace, j'aimais ça, parce que c'est le respect de l'individualité et parce que l'individualité, on cherche à la détruire, dans notre monde..." aimait à répéter Langaigne, devenu pilote de ligne. Vingt ans après, on aurait cru entendre parler Jacques Guignard. Un Jacques Guignard qui serait devenu pilote de ligne, qui se serait *rangé*, qui aurait laissé de côté un peu de ses rêves. Et de ses bravades.

– *Qu'auriez-vous fait si d'aventure vous n'aviez été pilote ?* demandait-on un jour à Lengaigne.

– *Je me le demande bien... Les esprits individualistes n'ont plus tellement leur place à l'époque actuelle. Par ailleurs, tout gars véritablement à sa place est démarqué par rapport aux autres...*

Avec des notions aussi arrêtées quant à l'exercice du métier de pilote, il est bien évident que Jean-Louis Lengaigne ne fut pas un militaire de tout repos. Certains, dans l'armée de l'Air, se souviennent des tentatives qui furent faites pour reconvertir Lengaigne au pilotage d'avions multiplaces de bombardement. Sur *Mirage-IV*. Échec total. Mais un garçon de cette trempe et de cette valeur trouve toujours à s'employer. Car il est un point sur lequel tout le monde était d'accord, une chose que personne ne songeait à contester chez Lengaigne : ses qualités de pilote. A un certain niveau, celles-ci ne peuvent sans doute guère aller sans un caractère affirmé. Quand on connaissait Jean-Louis Lengaigne, en tout cas, on ne pouvait en douter. Et on se demandait comment il parenait à se plier au travail astreignant du pilote de ligne, dans lequel son originalité ne trouvait guère à s'exprimer. Un travail qui lui fournissait du moins des points de comparaison avec les souvenirs qui lui restaient de ce temps, pas si lointain, où il était encore aux commandes d'un *Mirage*. Et où il dut affronter la foudre.

« Bien entendu, nous avons nous aussi à traverser parfois des orages avec nos avions de ligne. Surtout sur les trajets d'Afrique ou d'Extrême-Orient. Mais alors, il suffit pour nous de tirer les rideaux qui nous permettent d'aveugler les glaces latérales et la glace frontale du pare-brise pour être tranquilles, pour nous préserver de l'éblouissement... ».

Car même aux altitudes auxquelles croisent les avions de ligne d'aujourd'hui, dix, douze mille mètres, il leur arrive encore d'avoir à voler dans les énormes nuages d'orages, les cumulo-nimbus qui, sous certaines latitudes, atteignent des hauteurs considérables.

Et puis, en dehors du vol de croisière, il faut bien monter et descendre. Mais si la foudre a pu atteindre certains avions, détériorer même quelques-uns de leurs équipements radio-électriques, rarement a-t-on vu des effets aussi graves que ceux subis par le *Mirage* que pilotait le capitaine Jean-Louis Lengaigne en ce 30 novembre 1971. Ce jour-là, il effectuait en compagnie d'un camarade, lui aussi à bord d'un *Mirage*, une mission dans le sud-ouest de la France. Une mission qui prévoyait que les deux appareils fissent escale sur la base aérienne de Mont-de-Marsan, dans les Landes, avant de regagner leur base de stationnement, dans l'est, à Luxeuil.

En automne, sur la côte Atlantique, des orages assez violents prennent naissance au-dessus de l'océan et *envahissent* ensuite les terres. Ce jour-là, ils étaient en outre très nombreux, et noyés dans la masse, selon l'expression aéronautique en usage, c'est-à-dire dissimulés au milieu de la masse des nuages plus calmes. D'où la difficulté, pour le pilote, d'éviter ces zones où sévit la turbulence qui secoue l'avion, et la foudre qui aveugle.

Certes, les radars de surveillance peuvent repérer les cumulo-nimbus et les signaler au pilote, ou même ordonner à celui-ci une manœuvre d'évitement. A moins que le radar de son avion lui permette de faire la même chose. Mais le 30 novembre 1971, les *cu-nimb* étaient partout, impossible de passer à côté.

Pour traverser la couche de nuages et aller se poser sur la piste de Mont-de-Marsan, les deux avions volaient de conserve, de manière à ne pas perdre de temps. "A toi ? A moi ?" plaisantait Lengaigne, entre nous deux il n'était pas question de chef de patrouille et d'équipier. De chef et de subrodonné. « Je m'étais placé à côté de lui, *dans son aile*, et c'est lui qui effectuait la percée, moi je réagissais uniquement par rapport à son avion. Dans l'aviation militaire, c'est classique...».

« Nous avons donc pénétré dans les nuages, en léger virage par la droite. Tout de suite, ça s'est obscurci. Mais rien d'anormal. Ce n'était pas la première fois que je connaissais ce genre de situation. Et puis. brutalement, sans que rien le laisse prévoir, j ai été foudroyé. L'avion du copain a dû jouer le rôle de condensateur, je pense, il a accumulé l'électricité statique jusqu'à ce que celle-ci se décharge sur mon avion ».

« Trois chocs en un temps extrêmement court. D'abord un choc à la lumière, comme si, me trouvant dans une pièce sombre, j'avais reçu dans les yeux un flash photographique. Aveuglant. Puis un autre choc, une sorte d'onde qui m'a plaqué sur mon siège. Et enfin un bruit, un bruit fantastique, plus fort que tout ce que j'avais pu entendre en l'air jusque-là. La fin du monde. Car être aveuglé, ne plus rien voir, déclenche un phénomène de peur qui fait perdre la notion du temps : les secondes n'en finissent pas, elles paraissent durer des heures. Exactement cela : la fin du monde ».

« J'ai compris tout de suite. De par la nature du nuage que nous étions en train de traverser, il ne pouvait y avoir de doute. J'ai annoncé à la radio que je venais d'être foudroyé. Chose extraordinaire, en effet, la radio n'avait pas été coupée. Puis, comme je ne voyais plus l'avion du chef de patrouille, instinctivement, au bruit, j'ai réduit les gaz. Réaction classique en vol : quand quelque chose pète, on réduit les gaz.

Puis, après un instant, j'ai repoussé la manette en avant. Mais je n'ai pas senti l'accélération bien connue, cette poussée dans les reins que l'on constate quand le régime de rotation du réacteur augmente. Le réacteur était éteint...».

L'avion se trouvait, au moment du foudroiement, à 2 000 pieds d'altitude, environ 600 mètres, et il volait à une vitesse de 300 nœuds, quelque 540 kilomètres à l'heure, vitesse normale pour le *Mirage* en cours de manœuvre lors de la présentation sur un aérodrome. Très vite, étant donné ces conditions, Jean-Louis Lengaigne s'est dit que ce ne pouvait pas être un *décrochage* du compresseur de son réacteur, lorsque celui-ci tourne à vide et ne comprime plus l'air qui le traverse avant de pénétrer dans la chambre de combustion du moteur. Car ce genre d'incident se produit essentiellement à haute altitude et à vitesse faible, et puis, de toute manière, même si cela avait été un décrochage du compresseur, celui-ci aurait dû *raccrocher* quand la manette des gaz a été avancée à nouveau. Donc, pas de décrochage. Alors, l'extinction.

L'extinction de la flamme qui, en brûlant du kérosène, communique de l'énergie à l'air que lui envoie le compresseur, et provoque la poussée. Et sans flamme... plus de poussée. Plus de réacteur. Le *Mirage* devenait un caillou. Ou presque. Un caillou élégant, bien profilé, mais un caillou quand même. Avec un pilote aveugle.

Tout cela, Jean-Louis Lengaigne a dû l'évoquer, en une fraction de seconde. A 600 mètres d'altitude, dans un avion au réacteur éteint, on n'a guère le temps de philosopher. D'autant que la peur gomme tout, sensations et sentiments, souvenirs et pensées. Alors, peut-être même n'a-t-il rien évoqué du tout. Quand il essayait, plus tard, de se remémorer ces événements, il le faisait par déductions, en fonction de ce qui s'est produit ensuite, car sur l'instant il avait agi sans réfléchir, par pur instinct.

Et son instinct allait le sauver. Un instinct longuement, soigneusement acquis au cours d'une carrière de pilote déjà longue. Et d'exercices répétés au simulateur. Le capitaine Lengaigne était, en effet, pilote-instructeur au centre de prédiction et d'instruction radar, où étaient formés les pilotes qui utilisaient ensuite les *Mirage III E*. A ce titre, il avait souvent répété au simulateur la manœuvre de réallumage en vol du réacteur, car, bien entendu, en cas d'extinction de celui-ci, il existe un moyen de remettre en route. Et cette manœuvre, il l'avait répétée précisément dans le noir, verrière du simulateur fermée, comme à bord d'un avion.

« Par la fréquentation régulière du simulateur, on arrive à une mécanisation qui est essentielle », estimait-il. « La pratique de l'exercice au sol, dans le simulateur, a été déterminante dans mes réactions ce jour-là... Car la seule chance de dépasser la peur ne peut venir que de la mécanisation... On peut dire tout ce que l'on veut sur mon *Bien joué* ou *Mal joué*(1),

(1) Allusion à une chronique célèbre du bulletin de sécurité des vols de l'armée de l'air américaine: "Well done !" "Bien joué", qui relate les histoires des pilotes qui se sont bien tirés de situations délicates. L'histoire du capitaine Jean-Louis Lengaigne, quant à elle, a évidemment figuré dans le bulletin de sécurité des vols de l'armée de l'Air française.

selon l'optique choisie, mais je suis persuadé que n'importe quel pilote, mécanisé comme je l'étais, serait arrivé au même résultat : sauver le pilote et la *bête*...

Si l'on veut...

« Ce qui m'a fait le plus plaisir », racontait encore Lengaigne, « c'est qu'après avoir exécuté le rallumage, en vol, ma main droite s'est naturellement portée vers la commande basse du siège éjectable, celle qui est placée entre les jambes du pilote. Et c'est là que je l'ai retrouvée, cette main, quand j'ai recommencé à voir. Toujours la mécanisation. Quand j'ai recommencé à voir... On ne voit pas tout d'un coup. C'est progressif, les retrouvailles avec la vue. Peu à peu, on distingue une chose clairement, puis une autre... J'ai lu l'altimètre : 8 000 pieds. Était-ce vrai ? Était-ce faux? Peut-être les phénomènes qu'avait subis l'avion avaient-ils induit des indications erronées. Cela ne m'a pas paru catholique. Ma peur s'est encore accrue. Sachant que j'étais parti de 2 000 pieds, je me suis dit : "L'indication est fausse..." Avec une extinction de réacteur, je ne pouvais me retrouver à 8 000 pieds. Donc, j'ai cu envie de tirer sur la commande du siège éjectable. Et au moment où j'allais le faire, le réacteur est reparti !... ».

Mais la peur était toujours là. Sans fausse honte, Lengaigne avouait qu'il est resté sous le coup de sa frayeur durant plusieurs heures. Comment s'en étonner, quand on a eu l'impression de vivre la fin du monde ? Ayant retrouvé la vue, aidé par l'autre pilote, il se posera cependant sans encombre sur le terrain de Mont-de-Marsan. Où l'un de ses amis, venu pour protester *contre l'arrivée de ces deux avions qui encombrent le trafic de la base... ces casse-pieds... ces intrus...* reculera, effrayé lui-même par la pâleur du visage de Lengaigne. Et à la vue de son avion qui portait les marques du foudroiement : tôles *grillées* par endroits, antennes fondues...

Un Lengaigne qui, avant de quitter l'armée de l'Air connaîtra encore quelques émotions.

Car un jour qu'il volait à bord d'un *Mirage* biplace, passant précisément à basse altitude au-dessus de la base aérienne de Reims, son réacteur s'arrêtera brutalement. Virage, pour revenir vers le terrain, sortie du train d'atterrissage suivant la procédure de secours, seules les deux roues principales ayant d'ailleurs le temps de se verrouiller correctement : moins d'une minute plus tard, l'avion se retrouvait sur la piste, le nez frottant avec entrain le béton ! Well done! Bien joué, capitaine Lengaigne !

On ne peut en dire autant de ceux qui étaient à l'origine de la panne, cependant. Car l'expertise du réacteur révélera que l'extinction avait été provoquée par le mauvais montage volontaire d'une pièce essentielle du moteur incriminé au moment d'une révision. Plusieurs autres réacteurs souffrant d'ailleurs de la même... anomalie. "Une manière que certains avaient trouvée pour affirmer leurs convictions politiques..." constatait, philosophe, Jean-Louis Lengaigne, sans vouloir s'étendre davantage. Mais que serait-il advenu si un autre que lui s'était trouvé aux commandes ? Ou si la panne s'était produite quelques secondes avant, ou quelques secondes après que l'avion fût passé à la verticale du terrain de Reims ?

Même lui, Lengaigne, se posait la question. Même lui qui croyait dur comme fer en sa chance, avant d'ajouter : “Mais sa chance, encore faut-il aller la chercher...”.

LES NYCTALOPES

Il est deux heures du matin en ce dernier jour d'octobre1975. L'aéroport de Toulouse-Blagnac est plongé dans le brouillard. Dans la cabine de pilotage du bimoteur *Fokker F-27* qui a réduit sa vitesse, il y a trois hommes: le commandant de bord, le pilote et le mécanicien navigant. Dans l'avion, derrière, il n'y a pas de sièges disposés pour d'éventuels passagers mais des casiers, des alvéoles dans lesquelles les employés des P. et T. ont réparti soigneusement des tonnes de courrier.

La tour de contrôle a donné les traditionnels renseignements concernant la météo. Laquelle météo est particulièrement exécrable. Mais pour les trois navigants de la postale de nuit, cela n'a guère d'importance. Ils ont l'habitude du *zéro-zéro*, c'est-à-dire d'atterrir avec une visibilité nulle et un plafond zéro. Les minima fixés aux avions transportant des passagers et qui imposent aux pilotes de remettre la *gomme* lorsqu'ils atteignent la hauteur critique de deux cents pieds (soixante mètres) n'ont pas cours pour les navigants de la Postale. "Par tous les temps", avait dit son fondateur, Didier Daurat.

– 450 pieds, dit le mécanicien.

Le pilote, assis à droite, a le nez plongé dans le cockpit et il ne lèvera pas les yeux des cadrans jusqu'au toucher des roues et même après. Dans le cas où il faudrait redécoller aussitôt.

A gauche, le commandant de bord regarde à l'extérieur, essayant de percer la crasse qui l'entoure pour apercevoir les feux verts libérateurs qui ont été allumés par le contrôleur et qui annonceront la piste proche.

– 400 pieds.

Le mécanicien navigant va continuer d'égrener ainsi les altitudes, de cinquante pieds en cinquante pieds, puis de vingt en vingt, de dix en dix. Jusqu'à cinq pieds (un mètre cinquante), jusqu'au léger choc de l'atterrissage. Il lit les hauteurs sur le radioaltimètre.

– 200 pieds.

Lors de l'approche, le pilote a intercepté l'I.L.S. (Instrument Landing System) et il ne quitte pas du regard le cadran sur lequel deux aiguilles se croisent à angle droit.

L'une indique l'axe de la piste, l'autre le plan de

descente. A bord des appareils de la Postale, il n'existe pas de système d'atterrissage tous temps (A.T.T.) dont sont équipés les avions d'Air Inter. Le travail d'approche se fait à l'aide d'un bon I.L.S. classique. Cela pour le facteur technique. S'y ajoutent un peu de chance, mais surtout la maîtrise parfaite que procure un entraînement, court dans le temps -une semaine- mais particulièrement poussé. Pour ces hommes qui descendent avec une extrême confiance dans ce qui peut paraître l'inconnu, au bout de leur route aérienne, il n'y aura pas d'aventure. Simplement la piste. Tous sont des pilotes d'Air France qui passent de trois à quatre ans dans la Postale, parfois plus, et qui acquièrent une technique et une assurance qui leur rendra de grands services lorsqu'ils seront à nouveau versés dans l'aviation commerciale.

– 150 pieds.

A bord, tous connaissent parfaitement leur rôle. Un rôle qu'ils auront à tenir plusieurs fois au cours de la nuit – et quatorze nuits dans un mois – au fur et à mesure des escales soigneusement choisies par les P. et T. Qu'assure la Postale ? Une ligne d'autobus, en quelque sorte, dont le fonctionnement est assuré par des hommes qui sont à la fois des noctambules et des nyctalopes.

Ils vivent la nuit, ils pilotent la nuit, et ce décalage ne manque pas d'entraîner, pour certains, quelques difficultés d'accoutumance lorsqu'ils sont de repos. Mais pas pour tous. On cite le cas de ce pilote qui, pendant la dernière guerre, avait été bombardier de nuit à la R.A.F. à bord d'un *Halifax*. Après le conflit, il avait été recruté par Didier Daurat pour devenir pilote d'un *Junker 52* à la Postale de nuit. A son palmarès, près de vingt mille heures de vol. Toutes effectuées au cours de missions nocturnes...

– 100 pieds.

Le mécanicien navigant continue de lire placidement la radiosonde. Pour lui, comme pour ses compagnons, c'est une mission de routine. Le pilote surveille l'I.L.S. et maintient l'avion dans l'axe, le commandant de bord, lui, guette les lumières.

Les trois hommes se connaissent bien. Ils se sont cooptés. Car pour réussir ces atterrissages *zéro-zéro*, il faut qu'au sein de l'équipage l'entente soit parfaite. Sur un petit cahier qui circule chez les navigants de la Postale, chacun a marqué ses préférences, ses desiderata. Si l'un d'entre eux a dessiné une raquette de tennis à côté de son nom, cela veut dire évidemment qu'il aimerait échanger quelques balles lors du temps de repos à Lyon, Ajaccio ou Perpignan. Il en est de même pour la plongée sous-marine, le vol à voile, le ski. Alors, les équipes se forment par affinité et sont d'une homogénéité parfaite.

– 80 pieds.

Le courrier... Souvenons-nous, c'était hier. La grandiose épopée de l'Aéropostale avec Mermoz, Guillaumet et bien d'autres disparus au cours de missions destinées à remettre coûte que coûte à destination une lettre postée à Toulouse. En fait, c'est en 1912 que Védrines réalise une grande première : il transporte des journaux d'Issy-les-Moulineaux à Deauville. Mais c'est après la guerre de 14-18 que le transport du courrier par avion voit vraiment le jour. Les débuts sont timides. Et puis, en 1935, la compagnie Air Bleu, fondée par Didier Daurat et Raymond Vanier, obtient du ministère de l'Intérieur une autorisation d'exploitation. Daurat met en service des monomoteurs *Caudron Simoun* qui relient les principales villes de France à la région parisienne. Sur le plan technique, la réussite est complète, l'acheminement du courrier est assuré avec une grande régularité. Sur le plan financier, les résultats sont moins favorables, le public boudant la surtaxe aérienne.

Après la deuxième guerre mondiale, Air Bleu est intégré à Air France et le 21 août 1947, une convention conclue entre la compagnie nationale et le ministère des P.T.T. détermine les grandes lignes de l'exploitation.

– 60 pieds, dit le mécanicien.

« Dans le circuit qu'emprunte une lettre », déclarait Pierre Garrigues, alors directeur de l'exploitation de la Postale de nuit, « l'avion n'est qu'un maillon de la chaîne. Avant ou après, il y a des camions postaux, des trains, le facteur qui parcourt les villages sur son vélomoteur. Tous ont des horaires très stricts. Aussi, un quart d'heure de retard peut-il avoir des répercussions importantes en bout de ligne. La distribution du courrier dans les dépôts limitrophes peut être manquée. Notre premier souci est donc de limiter au maximum le temps nécessaire au chargement et au déchargement des sacs postaux ».

« Prenons par exemple la ligne Paris-Pau. D'une manière générale, au départ d'Orly, les avions de la Postale décollent entre 22 h 30 et 23 h 45. Nous ne partons jamais avant 22 h 30 afin de laisser le temps aux P. et T. de recueillir le plus de courrier possible dans la région parisienne. A 19 heures, les dernières levées ont été faites, le courrier est ensuite trié, mis en sac et transporté à Orly. Les avantages de l'avion par rapport au train sont évidents : il n'y a qu'un point de rassemblement, Orly, ce qui évite aux fonctionnaires des postes d'avoir à répartir le courrier dans les différentes gares, et les avions décollent deux heures après le départ des derniers trains ».

« La première escale est Poitiers, aux environs de minuit. Dès l'arrêt des moteurs, des employés des Postes déchargent le courrier à destination de la ville et des environs et chargent les lettres pour Bordeaux, Toulouse et Pau dans les alvéoles qui ont été préparées à Paris. Une heure plus tard, c'est Bordeaux, puis Toulouse, etc. »

– *Les verts* crie le commandant de bord.

Les feux verts qui signalent la piste diffusent une lumière qui, dans le brouillard, est perçue comme un halo. Satisfaction dans le cockpit, la direction est bonne. L'homme assis en place gauche reprend au pilote les commandes tandis que ce dernier continue de suivre l'I.L.S., au cas où une remise des gaz serait nécessaire. L'avion se pose sur la piste de Blagnac et se dirige vers un hangar. Les *turboprop* sont arrêtés, la porte s'ouvre et des élévateurs placés contre l'avion assurent la montée et la descente des sacs. Une escale de trente minutes et la ronde continue. Il en est ainsi près de trois cents jours par an. En 1976, les quinze *F-27* et les quatre gros *Transall*, loués à l'armée de l'Air, auront transportés 45 000 tonnes de courrier, effectué 20 000 atterrissages, parcouru 5 millions de kilomètres. Une seule escale internationale: Genève. Mais l'administration suisse respectant la notion de Q.G.O. (interdiction d'atterrir en raison d'une mauvaise visibilité), cette restriction ne manque pas de créer quelques difficultés lorsque les conditions météorologiques ne sont pas bonnes. Le terrain est alors fermé.

« Un jour », raconte Pierre Garrigues, « j'ai reçu un coup de téléphone de Genève. "Est-ce que vous nous autorisez à mettre à bord de votre avion un médicament pour un malade de Mont-de-Marsan qui est gravement atteint et qui doit en disposer très rapidement"? Je lui ai répondu que j'étais entièrement d'accord. Mais comme je savais que les conditions météo étaient très mauvaises à Cointrin, je lui ai demandé s'il laisserait notre avion atterrir en dépit du Q.G.O. Là, je lui posais un sacré problème ».

« Après deux ou trois coups de téléphone, il m'a dit : "D'accord si vous m'envoyez un télégramme me déchargeant de mes responsabilités" ».

« Le commandant de bord de l'avion était à Strasbourg. Je l'ai appelé à son hôtel pour lui faire part de la situation. Il m'a répondu : "Je vais montrer aux Suisses comment on travaille à la Postale." Alors, il s'est posé à Genève avec un brouillard à couper au couteau. Il a pris le médicament qui a été acheminé vers Bordeaux puis vers Mont-de-Marsan ».

« Quelques jours plus tard, j'ai rappelé mon correspondant de Genève, le commandant de l'aéroport de Cointrin. Je lui ai dit : "Vous avez vu que nos pilotes peuvent se poser avec une visibilité nulle. Pourrons-nous, à l'avenir, atterrir à Cointrin même par Q.G.O. pour le courrier ?" ».

« Je n'ai jamais eu de réponse... ».

HISTOIRES D'UNE VOCATION

Air France, UTA, Air Inter : avant qu'elles ne fusionnent pour constituer l'actuel groupe Air France, ces compagnies aériennes étaient devenues chacune quasiment des institutions. Il y a une vingtaine d'années, leur nom était connu même de ceux qui n'osaient envisager de prendre un jour l'avion. Mais à côté de la compagnie nationale, Air France, qui se targuait alors d'avoir le réseau aérien le plus long du monde ; à côté d'UTA, spécialisée dans les dessertes vers l'Afrique ou autres contrées lointaines; à côté d'Air Inter, compagnie *intérieure* française, qui assurait les liaisons aériennes entre la capitale et les principales villes françaises, bien d'autres compagnies avaient vu le jour.

On avait coutume de les dénommer *compagnies de troisième niveau*, reprenant en cela la traduction littérale de l'expression américaine *third level.* Disons plus simplement que le qualificatif *régionales* les caractérisait assez bien, étant donné qu'elles étaient presque toujours issues d'initiatives venues de la province française, qu'elles étaient implantées dans des villes éloignées de Paris, et qu'elles étaient censées répondre au besoin de *désenclavement* des régions. Vers la fin des années 1960, ces régions avaient ressenti la nécessité des liaisons rapides que ne pouvaient leur assurer les autres modes de transport, et fait appel à l'avion. Soit qu'il s'agisse de relier à Paris quelques-unes de ces villes moyennes dont on commençait à s'apercevoir que leur développement est nécessaire à l'équilibre humain et économique du pays, soit qu'il s'avérât nécessaire de fournir à ces mêmes villes des ouvertures entre elles, avant de favoriser les échanges inter-régionaux.

Or, même Air Inter, poussée de l'avant par son succès, ne pouvait envisager de desservir toutes les agglomérations qui l'auraient souhaité. On eût alors abouti rapidement à une dissémination des moyens, ou du moins à une mauvaise adaptation de ceux-ci.

Car il était souvent plus important de disposer quotidiennement d'un avion de dix places pour se rendre à Paris et en revenir dans la journée, que de voir une fois par semaine un bel appareil de soixante ou quatre-vingts places effectuer le même trajet.

C'est ainsi que sont nées des compagnies aériennes qui s'appelaient Air Alpes, Touraine Air Transport, ou encore Air Alsace, Air Champagne Ardennes, Air Languedoc, Air Aquitaine et bien d'autres. Des compagnies qui, au départ, ne disposaient souvent que d'un avion, et qui, du moins dans leur période de démarrage, devaient solliciter fréquemment le soutien des collectivités locales à la demande desquelles, d'ailleurs, elles avaient généralement vu le jour. Dans la période de floraison des compagnies françaises de troisième niveau, on vit ainsi apparaître de multiples sociétés aériennes, dont certaines ne devaient durer que l'espace d'un printemps, tant il est vrai qu'il ne suffit pas d'être bon pilote, de posséder un avion et une solide provision d'enthousiasme pour créer une compagnie qui *marche*. Aujourd'hui, beaucoup d'entre elles ont disparu.

Des regroupements se sont opérés. Notamment, à l'époque, autour des deux pôles d'attraction que constituaient Air Alpes et Touraine Air Transport. Autour des deux hommes qui incarnaient et personnifiaient une certaine conception, ou plutôt deux conceptions du transport aérien régional : Michel Ziegler pour Air Alpes et Michel Marchais pour Touraine Air Transport(TAT).

Le premier défendant farouchement l'indépendance et l'originalité de l'aviation régionale, le second ne se montrant pas hostile à une collaboration rapprochée avec le grand frère (ou la grande sœur) Air Inter.

Christian Ravel est aujourd'hui commandant de bord sur *Boeing 747* à Air France, après être passé par UTA. Mais il commencé sa carrière de pilote de ligne à TAT, précisément. Il a ainsi volé sur biturbo-propulseur *Fokker 27*. Et avouait que tout en rêvant d'aller beaucoup plus loin, le métier de pilote tel qu'il le pratiquait alors le passionnait. C'est qu'il avait connu les tout débuts de la compagnie, lorsque le total des heures de vol que chaque pilote effectuait par mois était... assez élevé, comme il le disait sans vouloir se montrer plus précis. Ce qui signifie en clair que « les pilotes volaient beaucoup, beaucoup, ...que nos épouses ne nous voyaient pas souvent, ce qui avait au moins l'avantage de supprimer les occasions de disputes, un vrai bonheur. On travaillait dans la joie et la bonne humeur permanentes et les pilotes disposaient d'une entière liberté pour effectuer le travail aérien qui leur était demandé. A ma connaissance, nous n'avons jamais répondu *c'est impossible...* quand on nous proposait quelque chose ! ».

« Je suis entré à la compagnie en 1972 », se souvient-il. « A l'époque, nous étions une douzaine de pilotes, pas plus, et aujourd'hui, si j'essaie de faire le bilan, je puis dire qu'au total, cela a été extrêmement enrichissant ».

« Lorsque je volais comme copilote, à mes débuts, je me trouvais avec des commandants de bord qui, pour la plupart, venaient de l'armée de l'Air. D'anciens pilotes de chasse, de transport, de bombardement, de convoyage, ces gens qui livraient les avions aux unités aériennes militaires à partir de la base aérienne de Chateaudun, où les appareils étaient stockés ».

« Quinze bonshommes, quinze façons de faire voler un avion ! Pas de méthode !... J'arrivais de l'aviation légère, j'ouvrais tout grands mes yeux, et je regardais, j'apprenais... ».

Regarder, apprendre: Christian Ravel n'avait cessé de le faire avant de devenir pilote de ligne. Un long cheminement pour cet ancien... instituteur.

« Oui, j'ai d'abord été instituteur », confirme-t-il. « Fils, petit-fils, arrière-petit-fils d'enseignants, et ainsi de suite, durant six générations. Je suis né en 1943, en Tunisie, où mon père avait été nommé. Là-bas, nous avions la chance d'habiter en bordure de l'aérodrome de Tunis El Aouïna, et donc j'ai vu, lorsque j'étais tout gamin, les premiers meetings, les premières évolutions d'avions. Et, bien entendu, comme tant d'autres gosses du même âge, j'ai décidé aussitôt: "Je serai pilote...". Bien entendu aussi, personne ne m'a cru. On m'a répliqué, comme de juste: "Tu seras instituteur..."».

« A l'époque, je pouvais difficilement envisager autre chose. J'ai donc poursuivi mes études, jusqu'en maths élémentaires, sans renoncer pour autant complètement à mes rêves, aux rêves de ceux qui n'ont pas encore pu accéder à l'aviation en vraie grandeur. Cela consiste à étudier et à construire des modèles réduits de planeurs, d'avions, d'hélicoptères, avec des matériaux légers tels que les bois de balsa, peuplier, tilleul, des métaux comme le laiton et l'aluminium, du papier, de la soie..., le tout ajusté, collé, enduit ».

« En 1953, dans le village où j'habitais à proximité d'Angers, j'ai eu la chance de tomber sur un instituteur local qui faisait précisément fabriquer des modèles réduits à ses élèves. Très vite, nous sommes allés sur le terrain d'Angers pour essayer en vol les modèles que nous construisions, ce qui nous a permis de voir de plus près de vrais planeurs, de vrais avions. Jusqu'au moment où nous découvrîmes que lorsque nous allions dire au chef-pilote de l'aéro-club que nous avions perdu un de nos modèles réduits dans les hautes herbes... il nous proposait de nous emmener en avion pour le rechercher d'en haut ! »

« Moyennant quoi, nous perdions régulièrement des modèles réduits quatre fois par jour. Cela a duré un certain temps, mais le chef-pilote n'a pas été dupe longtemps ! Aussi, lorsqu'il nous voyait arriver, il nous installait en place arrière de son *Fieseler Storch* qui servait au remorquage des planeurs, et comme ça il avait la paix...».

« Et puis, peu à peu, j'ai passé mes brevets de vol à voile, suivant la progression classique, et j'ai commencé aussi à pratiquer le vol à moteur. Du moins quand je disposais de quelque argent. Pour en avoir, je donnais des leçons de mathématiques et de physique à tous les gens qui voulaient bien écouter ce que j'avais à leur dire. Cela m'a permis de passer mon brevet deuxième degré *avion*, celui qui donne le droit de naviguer d'un terrain à l'autre et d'emmener des passagers ».

« A la suite de cela, je suis devenu moniteur de vol à voile, moniteur sur planeur. Bénévole, bien entendu. Et en 1965, alors que je préparais le certificat de chimie d'une licence de maths-physique – l'enseignement tout court ne me tentait pas beaucoup, je préférais m'intéresser aux maths... – j'ai eu simultanément assez d'heures de vol pour devenir pilote de remorqueur sur le *Storch*. Dilemme : chimie ou remorquage ? J'ai choisi le remorquage, au grand désespoir de mon cher vieux papa. Être pilote remorqueur, cela consiste à traîner le planeur jusqu'à l'altitude de largage et, de préférence, dans un courant d'air ascendant qui permettra ensuite au planeur de tenir l'air. Rôle ingrat, car le travail ne varie guère, et il s'effectue à bord d'avions - du moins comme le vieux *Storch*, produit de la récupération aux Allemands d'appareils en tous genres et que l'on a vus ensuite servir comme avions d'observation, en Indochine ou en Algérie, par exemple -, d'avions glacés en hiver et brûlants en été ».

« Mais avec ses quinze mètres d'envergure, son moteur de 240 CV, le vénérable *Storch* apparaissait comme un gros avion, pour des pilotes d'aéro-club, et puis cela permettait d'accumuler les heures de vol et d'acquérir l'indispensable expérience ».

« Comme je vieillissais tout doucement, comme je avais pas pu entrer dans l'enseignement, étant donné qu'il me manquait le certificat de chimie, j'ai fait alors une année d'école normale. A la suite de quoi je me suis retrouvé instituteur, répondant ainsi au vœu de mes parents. Jusqu'à ce qu'en septembre 1968, je pars faire mon service militaire ».

« Coup de chance, j'ai été envoyé dans l'armée de l'Air, et nouveau coup de chance affecté au bureau de piste de la base aérienne 705 de Tours. Être employé au bureau de piste, qui est un peu l'organisme de renseignement des équipages, m'a permis de découvrir en particulier tous les documents officiels dont le bureau de piste a la charge, notamment les diverses réglementations aériennes, toutes ces choses dont je n'avais qu'une idée assez vague et lointaine. Surtout, troisième chance, je suis tombé sur un commandant de base, le colonel Birden, qui était vraiment un grand bonhomme ».

« A l'époque, je totalisais un millier d'heures de vol, sur avion, et sept ou huit cents heures de planeur, et cela m'embêtait, je dois le dire, de voir des gamins qui avaient beaucoup moins d'heures que moi voler comme élèves-pilotes militaires sur *T-33*, le monoréacteur double commande qu'utilisait la base école de Tours.

« J'ai donc demandé une audience au colonel, je lui ai exposé mes états d'âme, il ne m'a pas mis à la porte de son bureau, mais au contraire il m'a envoyé vers le capitaine Parodi qui, à l'époque, se trouvait être le chef de la section *liaison* à Tours, et qui est devenu par la suite directeur d'exploitation... à la T.A.T. ! ».

« Grâce à lui, j'ai pu voler sur *Broussard*, avion monomoteur de liaison, sur bimoteur Dassault, une machine extraordinaire, et j'ai pu faire aussi un peu de *T-33*. Tout cela m'a amené fin 1969. Comme nous n'étions pas submergés de travail au bureau de piste, j'avais pu approfondir et améliorer mes notions théoriques, et en volant, *tâter* de la circulation aérienne... J'en ai donc profité pour passer mon examen de pilote professionnel théorique, puis la partie théorique également de la licence I.F.R. Instruments Flight Rules : règles de vol aux instruments. En aéronautique, chaque examen comporte toujours une partie théorique et une partie pratique, la première permettant de vérifier que le candidat possède bien les connaissances indispensables dans les domaines requis : aérodynamique, mécanique du vol, réglementation aérienne, navigation, etc., la seconde servant à vérifier les aptitudes de pilote. Cela est vrai pour le brevet de pilote professionnel, sans lequel on ne peut exercer d'activité aérienne rémunérée, comme pour la licence I.F.R., qui seule autorise le pilote à voler de nuit ou par mauvaises conditions atmosphériques (vol aux instruments) en tant que commandant de bord ».

« Et alors, nouveau coup de chance pour moi : l'Éducation nationale avait besoin d'un pilote, ou tout au moins d'un sympathisant aéronautique, pour servir de responsable aéronautique, dans le cadre du C.L.A.P., le Centre Laïque d'Aviation Populaire. Je me suis retrouvé... chargé de faire la propagande aéronautique, des cours de modèles réduits dans les écoles, etc. et ce pour le département du Maine-et-Loire ».

« Puis, pendant les vacances de l'année 1970, je me suis rendu à Challes-les-Eaux, près de Chambéry, où se trouvait un centre national du Service de la Formation Aéronautique, pour y passer la partie pratique du brevet de pilote professionnel, ainsi que la qualification d'instructeur pilotes-privés *avion*. En sortant de là, j'ai repris mes cours de modèles réduits, durant trois à quatre mois ».

Comme je disposais de pas mal de temps, j'exerçais les fonctions d'instructeur bénévole à l'aéro-club d'Angers, et on m'y avait nommé président de la section *vol moteur*. A ce moment-là, notre moniteur en titre a pris sa retraite et le conseil d'administration de l'aéro-club m'a dit :

– *M. Ravel, il faut embaucher un instructeur...*

J'ai réfléchi, et j'ai pensé que le plus sûr moyen de se faire plaisir, c'était de s'embaucher soi-même, j'ai réuni mon conseil d'administration et je leur ai dit :

– *J'ai trouvé ce qu'il vous faut !...*

– *Qui ?* m'ont-ils demandé. J'ai répondu : *Moi !...*

J'ai apporté mon curriculum vitae, je l'ai remis au président qui était assis à côté de moi, j'ai dit :

– *Discutez à votre aise, je vais prendre un café, je reviens dans une demi-heure.*

Il était bien évident, en effet, que je ne pouvais être à la fois juge et partie. Au bout d'une demi-heure, on m'a rappelé, et on m'a dit :

– *O.K. C'est bon ...*

J'ai donc troqué ma casquette de patron de la section vol moteur contre celle de moniteur et ce, pendant toute l'année 1970.

« Inutile de vous dire que cela a été au grand désespoir de mes parents. Abandonner une direction d'école pour aller faire de l'aviation légère, vraiment, ils ne comprenaient plus ! Mais je suivais mon idée. Je mettais de l'argent de côté, et à la fin de l'année j'en avais suffisamment pour aller passer la partie pratique de ma licence I.F.R., à Perpignan, chez *Aéro-Pyrénées*. Beaucoup de gars de TAT sortaient d'ailleurs de là-bas. Cet examen pratique doit, en effet, être précédé de ce que l'on appelle un *stage homologué*, un stage préparatoire reconnu par les autorités officielles. Satisfaire aux épreuves en vol ne suffit pas. Or, à part les pilotes militaires de transport qui ont suivi l'instruction du C.I.E.T., le Centre d'Instruction des Équipages de Transport, à Toulouse, tous les autres devaient payer leur stage. Et cela coûtait cher. Mais on voulait être sûr, avant de délivrer la licence I.F.R. à quelqu'un, que ce quelqu'un était non seulement un bon pilote – on peut le voir à l'examen – mais qu'il avait appris l'ensemble de son futur métier de commandant de bord. Car avec le P.P., le brevet de pilote professionnel, plus la licence I.F.R., on pouvait exercer les fonctions de commandant de bord sur des avions qui, en charge, ne dépassaient pas le poids de 5 tonnes 7. C'était le règlement. Pour des avions plus lourds, jusqu'à 20 tonnes, il fallait posséder le P.P.1. le diplôme de pilote professionnel de première classe et, au-dessus de 20 tonnes, le brevet de pilote de ligne. Avec, à chaque fois, de la théorie de plus en plus complète, et un examen pratique. Vers le 15 janvier 1971, je me suis retrouvé nanti de mon P.P. - I.F.R., j'ai commencé à faire paraître des petites annonces. Entre-temps, j'ai téléphoné à la T.A.T., à tout hasard, et un gars m'a répondu :

–Allô, ici, Parodi...

–Parodi ? Parodi ? Vous n'étiez pas le capitaine qui... à Tours ?

–Oui, me répondit-il.

–Ici, c'est Ravel, vous savez, Ravel, le gars du bureau de piste, à la base!

– Bien sûr ! O.K. pas de problème !...

Et c'est comme cela que je suis entré à la T.A.T. Toujours la chance ! ».

« J'ai d'abord été embauché comme copilote sur *Beech 99*, ce petit bimoteur construit par la société américaine Beechcraft et qui a fait les beaux jours des compagnies aériennes de troisième niveau. Un avion merveilleux, aussi souple, aussi pur aux ailerons que les *T-33* sur lesquels j'avais un peu volé à Tours. Je me retrouvais donc copilote sur un *Beech*, avec mes 3 000 heures de vol, mais seulement... mes 50 heures d'I.F.R., de vol aux instruments, car si j'avais pas mal bourlingué, en avion léger, que ce soit en Europe ou même en Afrique, si je n'étais pas trop godiche, je manquais d'expérience quant à ce genre de vol nécessaire à un pilote de ligne, qui doit pouvoir voler par tous les temps ».

« Quoi qu'il en soit, l'expérience est venue et en novembre 1972, je réunissais les conditions pour passer commandant de bord sur *Beech 99*, ce qui fut fait. Et là, sentant l'évolution qui se dessinait à la T.A.T., avec l'arrivée prochaine d'avions de plus en plus gros, de plus en plus lourds, j'ai commencé à préparer la partie théorique du P.P.1., pilote professionnel de 1re classe (avions jusqu'à 20 tonnes de poids en charge). Un examen sinon très difficile, en tout cas très long, car il comporte beaucoup de matières à ingurgiter, d'un niveau honnêtement élevé, mais avec des choses très diverses. En décembre 1973, j'ai passé l'examen, et en 1974, j'ai suivi le stage – payant... – pour me présenter à l'examen en vol. O.K. Ce qui m'a permis de changer de machine et de devenir commandant de bord sur *Fokker 27*. Un bon avion encore, même si pour le pilote il fait un peu camion par rapport au *Beech 99*. Et puis ce n'était plus tout à fait la même chose, les contacts étaient moins directs avec les passagers, une hôtesse s'occupait d'eux ».

« En tout cas, l'esprit un peu plus libre, je me suis mis à préparer l'examen de pilote de ligne et j'ai obtenu la partie théorique en décembre 1975... ».

De quoi pouvoir rêver aux avions long-courriers. Mais, en attendant... Comme commandant de bord du *Fokker 27*, Christian Ravel gagnait environ 9 000 F par mois. Sur lesquels il devait prélever 3 000 F, pour le remboursement des emprunts qu'il avait contractés afin de financer les stages coûteux sans lesquels le petit instituteur de Maine-et-Loire ne serait jamais devenu pilote de ligne.

« Nous en étions tous là », dit-il, « ou du moins beaucoup d'entre nous en étaient là, lorsqu'on n'avait pas eu la chance de passer par la grande porte... ».

La grande porte : l'E.N.A.C., l'École Nationale de l'Aviation Civile, où l'on entre par concours dans des limites d'âge bien précises, et d'où l'on sort pilote de ligne, prêt à frapper directement à l'huis des grandes compagnies aériennes. Christian Ravel ne regrette pas, cependant, le chemin qu'il a suivi.

« Car, dit-il encore, je pensais que si j'avais un problème médical dans ce métier – la hantise des pilotes de ligne, qui doivent satisfaire tous les six mois à un examen médical sévère – si j'avais un problème, je redeviendrais instituteur. Un métier passionnant, lorsqu'on est parvenu à capter la confiance d'une classe. Faire retrouver par exemple à des gosses de neuf ou dix ans l'équilibre des forces d'un avion qui vole en palier, poids et portance, traction et traînée...».

S'il avait été contraint de redevenir instituteur, Christian Ravel n'aurait rien renié, c'est sûr, de ce qui était sa vocation première!

On pourrait en dire autant d'un autre ancien pilote de la T.A.T. A cette différence près, c'est que l'histoire de Gérard Vacher est sans doute encore plus singulière que celle de Christian Ravel. Celui-ci possédait, en effet, les bases indispensables, de par ses études, pour préparer les examens aéronautiques. Gérard Vacher n'avait même pas cela : son seul diplôme était le certificat d'études primaires, et il exerçait le métier de mineur de fond. Il l'a même exercé dix années durant. De la mine à la ligne : tous les chemins mènent au ciel. Aujourd'hui, Gérard Vacher est pilote à la compagnie *Aéropostale*, filiale du groupe Air France spécialisée dans le transport de courrier, la nuit, pour le compte de la Poste. Mais dont certains des avions (des biréacteurs *Boeing 737* dits *quick change*) peuvent être rapidement reconvertis pour le transport de passagers, dans la journée, afin d'en obtenir une utilisation optimum. Gérard Vacher, après avoir *fait ses classes* de pilote de ligne à la compagnie T.A.T, est entré à Air Inter, et s'est retrouvé intégré au groupe Air France lors de la fusion des deux compagnies Air France-Air Inter.

Un itinéraire semé d'embûches, de sacrifices, de travail et parfois de galère, pour l'ancien mineur de Montceau-les-Mines. Mais qui en dit long sur la puissance d'une volonté indéfectible, la force d'une vocation que rien ne peut faire dévier :

« L'aviation, pour moi, représentait une sorte de rêve impossible, hors de portée. A huit, dix ans, au soir d'un meeting aérien qui s'était déroulé sur le terrain de Montceau-les-Mines, j'ai commencé à m'intéresser aux avions, comme beaucoup de gosses de mon âge. Ravel, lui, volait déjà, ne fût-ce que comme passager. Moi, je me contentais de regarder les avions, de rêver des avions. Car je ne me faisais pas d'illusions: mes parents n'avaient pas les possibilités matérielles de me payer des études, ma carrière était toute tracée : je serais mineur de fond. Comme mon père. Il y avait le rêve, enfoui dans le cœur, et puis la réalité ».

« A quatorze ans, j'ai passé le certificat d'études primaires et puis, comme la plupart des autres fils de mineurs, je suis entré au centre d'éducation professionnelle des Houillères de Blanzy. J'y suis resté de 1956 à 1959. Une première année d'études, puis, durant les deux années suivantes, alternativement les études et la mine. J'étais au fond en qualité d'aide-géomètre. Au bout de ces trois années, j'ai obtenu mon C.A.P. : j'étais un mineur, comme les autres. Désormais, j'allais travailler sept heures et demie par jour sous terre...».

«Mais je poursuivais mon rêve, je voulais m'inscrire à l'aéro-club. Mais comme je n'avais pas encore ma majorité, il me fallait l'autorisation paternelle, qui, bien entendu, me fut refusée. Des avions ? Qu'est-ce que c'était que cette histoire ? Alors, j'ai falsifié, j'ai imité la signature de mon père. Seulement, tout n'était pas réglé pour autant. Je gagnais 500 francs par mois, et l'heure de vol coûtait 36 francs, à l'époque. Aussi, pour moi, il n'était pas question de sorties, ni de distractions, toutes mes maigres économies passaient en heures de vol. Pente, cadence, inclinaison, la bille et l'aiguille, le badin (indicateur de vitesse), l'altimètre, les leçons de pilotage : c'était ça, mes distractions ».

«Et j'ai obtenu ma licence élémentaire qui donne le droit de voler seul, c'est tout, un premier pas vers le brevet de pilote privé *avions*. Une vingtaine d'heures de vol, quand même, glanées une par une, chaque semaine. Je devais avoir alors dix-huit ans ».

«Puis, en 1961, je suis parti à l'armée. Heureux hasard, on m'a affecté dans l'armée de l'Air, en Algérie. Dès mon arrivée, pendant que je suivais les cours du C.I., le Centre d'Instruction par où passent tous les *bleus*, je m'étais renseigné sur la filière à suivre pour devenir pilote. Mais le commandant du C.I. ne m'avait pas envoyé dire que n'est-ce pas... mon cher... avec le niveau d'instruction que vous avez... Si vous ne possédez pas au moins le B.E.P.C... J'avais parfaitement compris. C'est cela, en fait, qui m'a donné la véritable impulsion, qui a provoqué le déclic. Je me suis dit que je n'arriverais à rien si je n'améliorais pas d'abord mon niveau d'instruction. Alors, j'ai suivi des cours de maths, avec un sursitaire qui, dans le civil, était prof'. Pendant dix-huit mois. Pendant dix-huit mois j'ai fait des maths. Au début, pas très marrant, mais à la fin, cela devenait passionnant. Je disposais de pas mal de temps, j'étais à Colomb-Béchar, et il faut avouer que ce ne sont pas les possibilités de distraction qui me tentaient...».

«Et puis je suis retourné à la mine. J'ai traversé à ce moment-là une période triste, dure, difficile, où j'avais vraiment envie de tout laisser tomber. Ni mes moyens financiers ni mes moyens intellectuels n'étaient à la hauteur, ne me paraissaient être à la hauteur de mes ambitions. Être pilote ? Non. C'est un instructeur d'aéro-club qui m'a relancé».

«Il croyait en moi. Il m'a dit: "Toi, tu peux y arriver...". Je pouvais y arriver ? Il pensait que je pouvais y arriver ? Je me suis remis au travail. D'abord des cours du soir qu'organisaient les Charbonnages de France – français, maths, etc. – ensuite à l'aéro-club, où, contre de menus services, lavage des avions, bricolage, je pouvais voler de temps à autre».

«Mais j'ai abandonné assez vite les cours du soir, pour m'inscrire à des cours par correspondance qui préparaient à l'examen théorique de pilote professionnel. Auquel j'ai d'ailleurs échoué, la première fois. Mais, comme entre-temps j'avais réussi à totaliser deux cents heures de vol, je réunissais les conditions pour aller suivre le stage d'instructeur...».

Dans le monde très codifié de l'aviation, de tels stages se déroulent dans des centres nationaux. Gérard Vacher ira donc à Challes-les-Eaux, la *Mecque* des instructeurs, à l'époque(aujourd'hui, c'est Grenoble-Saint-Geoirs) et il y obtiendra sa qualification d'instructeur *adjoint*, c'est-à-dire habilité à instruire des élèves-pilotes jusqu'à la licence élémentaire de pilote privé, mais non jusqu'à la licence complète, laquelle comporte notamment une épreuve de navigation. Challes-les-Eaux figure dans son souvenir comme une étape difficile. “Je n'y arriverai pas...” se disait-il, conscient de sa faiblesse, en voyant que certains de ses camarades de stage totalisaient mille, deux mille, trois mille heures de vol.

Il y arriva pourtant. Il apprit à apprendre aux autres les choses qu'il savait sur le pilotage des avions. Avant de revenir à la mine. Ensuite, ce fut la qualification complète d'instructeur, l'examen de pilote professionnel, l'embauche comme moniteur à l'aéro-club de Mâcon, l'adieu aux Charbonnages...

« Mais je ne voulais pas en rester là. Survoler la campagne mâconnaise et la ville avec des élèves, rectifier leurs erreurs, non... Ce n'était pas ma vocation. Je ne me sentais pas pédagogue... Alors, je me suis attelé à la préparation de l'examen théorique de la licence I.F.R., que j'ai obtenu en février 1970. Restait l'examen pratique, autrement dit, d'abord, le financement du stage homologué. Pour moi, pas question d'obtenir de prêt bancaire: je n'avais pas de *répondant*. Sans trop y croire, j'ai écrit à la Fondation de la vocation en expliquant mon cas : j'ai obtenu une bourse d'un peu plus de dix mille francs. Une amie professeur d'anglais m'a prêté, sans intérêts, dix mille francs.

Elle a misé sur moi en disant : “Toi, tu vas réussir...”; un copain ouvrier, sans délais de remboursement, cinq mille francs, toujours sans intérêts ; un autre encore cinq mille, avec un taux d'intérêts très faible ; et mes parents aussi, cinq mille francs. Énorme, si l'on pense à leurs moyens. Ils y avaient du mérite, vraiment, eux pour qui un sou restait un sou, qui tombaient à la renverse, horrifiés, quand je leur disais qu'une heure de vol en bimoteur coûtait... cinq cents francs ! Et les copains...

A dire vrai, je ne passais pas pour très sérieux, mais pour un farfelu, le type qui voulait sortir de son milieu. Des gens qui cherchent à vous décourager, qui vous grignotent la moelle. En revanche, après, quand on en est sorti, c'est fou le nombre d'amis que l'on se découvre : “On l'avait toujours dit: toi, tu as réussi...” Tu parles ! Enfin, bref, pour compléter le financement de mon stage, j'ai vendu tout ce que je possédais. Pas grand-chose : quatre vingt mille francs.

Si bien qu'à la fin du stage un camarade a dû me prêter cent francs pour que je puisse rentrer chez moi. Je n'avais même pas de quoi m'acheter une liquette. Tout cela pour me retrouver ensuite au chômage pendant sept mois. Pas de travail. Et pas de travail parce que manquant d'expérience. Sept mois longs, pénibles. Sans goût pour rien, au bord du découragement, prêt à retourner à la mine. Et m... à la fin ! Un pilote qualifié I.F.R., mineur de fond, quand même! Et puis, un jour, paf ! pour une fois la chance m'a souri, et je suis entré à la T.A.T. Sur un coup de téléphone, comme Christian Ravel...».

Une sorte de délivrance. A partir de là, finie la période où les repas de Gérard Vacher se composaient surtout de pain tartiné de moutarde, ou, luxe suprême, d'un cornet de frites. Il lui a fallu bien sûr encore travailler, grimper un à un les échelons, continuer à se battre. Mais le plus dur était fait.

L'ancien mineur de fond ne regrette pourtant rien de ce long chemin pour parvenir au bout de son rêve. Tout au plus se demande-t-il parfois, encore aujourd'hui, s'il n'aurait pas pu suivre une voie moins ardue, solliciter des conseils au lieu de vouloir agir par lui-même. Mais on ne se refait pas, n'est-il pas vrai ?

LES JOURS LES PLUS LONGS DU FLUGKAPITAN KROESE

Napoléon, qui s'y connaissait, estimait que la chance fait partie, ou devrait faire partie, des critères de choix d'un bon général. On pourrait en dire autant d'un pilote d'avion et tous ceux qui gravitent depuis longtemps dans les milieux aéronautiques pourraient citer le cas de tel ou tel, marqué par la *poisse*, ou au contraire bénéficiant d'une chance quasiment insolente.

La chance, il en a certainement fallu beaucoup a Joe Kroese, commandant de bord à la compagnie aérienne allemande Lufthansa. Mais il lui a fallu aussi bien davantage pour se tirer sans encombre de son aventure de décembre 1973. Une aventure qui a beaucoup de points communs avec celle que vécut le commandant Vignau.

Ce jour-là, le 17 décembre très exactement, l'avion aux commandes duquel se trouvait Joe Kroese est pris par un commando de Palestiniens, sur l'aéroport de Rome, après que les fedayin eurent mitraillé la foule dans l'aérogare et fait sauter à la bombe un *Boeing 707* de la compagnie américaine Pan Am en partance pour Beyrouth. De l'avion éventré, des passagers, dont certains avaient les vêtements en feu, sautaient en hurlant et se roulaient sur le ciment de l'aire de stationnement pour tenter d'éteindre les flammes. A l'avant de l'appareil, où se trouve située la cabine de première classe, des morts et des blessés par dizaines.

Leur forfait accompli – il semble bien que cette attaque contre l'avion de la Pan Am n'avait rien d'improvisée, qu'elle ne devait rien à l'affolement, qu'elle était bien préméditée – les membres du commando terroriste se précipitèrent dans un avion qui se trouvait à proximité. Un biréacteur *Boeing 737* de la compagnie allemande Lufthansa qui venait d'arriver de Francfort. Ainsi commença l'aventure éprouvante du commandant Kroese, du Flugkapitàn Kroese.

D'origine hollandaise, grand et blond, les cheveux longs, les joues mangées par des *pattes* fournies qui lui donnaient un faux air de hippie bourgeois, Joe Kroese racontait d'une voix calme son histoire. Sérénité impressionnante. On comprend mieux comment un tel homme a pu se tirer d'affaire, supporter sans faiblir les deux jours de tension nerveuse et physique qu'il a vécus.

« En fait, tout commença par hasard, affirmait-il. Tout commence toujours par hasard. Et ce 17 décembre 1973, le hasard avait pris la forme d'un retard de quarante minutes à notre arrivée à l'aéroport de Rome. Nous venions de Francfort, nous assurions un vol régulier en direction de la capitale italienne. Du fait de notre retard, nous avons été placés à un point de stationnement inhabituel pour les appareils de notre compagnie, puisque sur les aéroports, chaque compagnie aérienne dispose d'un certain nombre de points de stationnement bien précis pour faciliter le service. Mais ce détail, ce changement, je ne devais l'apprendre que plus tard, car c'était la première fois, depuis pas mal d'années, que j'atterrissais sur l'aéroport Leonardo da Vinci à Rome ».

« Quoi qu'il en soit, après une demi-heure d'escale, l'avion était presque prêt à accueillir les passagers quand tout à coup, le copilote Karl Heinz Kies, moi-même, et les deux hôtesses de l'air, les deux stewardesses, comme nous disons en Allemagne, Uta Ottmann et Claude Poinsard – une Française, celle-là ! – nous avons entendu des coups de feu à l'extérieur ».

« Réflexe immédiat pour nous, nous nous sommes jetés à plat ventre dans l'avion. C'est alors que par la porte avant, j'ai pu voir des gens qui sortaient d'un passage souterrain et qui courraient le long du bâtiment de l'aéroport auprès duquel nous nous trouvions. De ce fait, nous nous sommes enhardis, et nous avons regardé avec plus d'attention. Mais sans trop rien voir, bien sûr : les membres du commando s'étaient dissimulés derrière une rampe d'accès aux avions, pendant que deux d'entre eux allaient jeter leurs bombes dans le *Boeing 707* de la compagnie Pan Am... ».

A plat ventre sur le plancher de son avion, Joe Kroese ne pouvait s'empêcher de se souvenir d'une autre circonstance de sa vie au cours de laquelle il avait vécu une mésaventure presque semblable. Il y a, ainsi, des hommes marqués par le destin.

Joe Kroese était un ancien pilote de l'armée de l'air hollandaise. Il y était entré par hasard, d'ailleurs, puisque l'aviation civile le tentait tout autant que l'aviation militaire. Davantage même. Mais aux environs de 1950, la compagnie hollandaise K.L.M., qui traversait quelques difficultés, n'offrait guère de possibilités de recrutement et le jeune Kroese dut donc se rabattre sur l'armée. Il effectua son entraînement au Canada, dans le cadre de l'O.T.A.N., et après obtention de son brevet de pilote de chasse, fut affecté en Hollande dans une escadre équipée de monoréacteurs d'interception *Hunter*. Il vola durant cinq années sur cet appareil.

Un jour, alors qu'il se trouvait en salle de repos en compagnie de quelques camarades, juste en face de la rangée de *Hunter* parfaitement alignés sur l'aire de stationnement, un armurier maladroit déclencha malencontreusement les canons qui arment les avions. Une volée d'obus, une demi-douzaine, pas plus, balaya le bâtiment, à quelques mètres de l'endroit où se tenaient Joe Kroese et ses camarades pilotes. Deux morts et un blessé. Le hasard, déjà, et la chance, déjà.

Quoi qu'il en soit, au bout de huit années passées sous l'uniforme, Joe Kroese se trouva confronté au même dilemme que la plupart des pilotes militaires : poursuivre une carrière dans l'armée, ou tâter de la vie civile. Les préférences de Joe l'inclinaient plutôt à adopter cette deuxième solution. Alors, c'était dit, il franchit le pas. Mais comme la K.L.M. ne recrutait toujours pas de pilotes, Kroese n'eut d'autre ressource que de proposer ses services à la compagnie allemande Lufthansa. En Allemagne, à l'inverse de ce qui se passe dans d'autres pays, le *marché* du travail est parfaitement ouvert pour les compagnies aériennes : libre à elles de recruter les pilotes qui leur conviennent, qu'ils soient allemands ou non. Pas de protectionnisme. Joe Kroese entra donc à la Lufthansa, après avoir passé en France ses licences de pilote civil. Deux ans comme copilote, puis le voilà nommé commandant de bord sur biréacteur *Boeing 737*[(1)]. Un travail sans histoire, jusqu'à ce fameux 17 décembre 1973, où, sur l'aéroport de Rome, il vit surgir dans l'appareil les commandos palestiniens, poussant devant eux les otages qu'ils ont raflés au passage. Juste au moment où Joe Kroese se disait précisément avec soulagement “Ouf ! ils sont partis !... Pour notre part, nous sommes tranquilles” ».

« Ils avaient obligé, sous la menace de leurs armes, des policiers, des douaniers, des employés de l'aéroport à les suivre dans leur course folle, se souvenait le commandant de bord. En grimpant les escaliers d'accès, ils criaient, ils tiraient dans toutes les directions. Ils se sont rués à bord de l'avion, hurlant en arabe. Ils parlaient à peine l'anglais, exception faite de l'un d'eux qui en possédait des rudiments. Ils nous ont fait comprendre, par gestes, et en nous menaçant tou-

(1) Le plus petit des appareils fabriqués par le constructeur américain Boeing, le biréacteur moyen-courrier " B-737 " a fait l'objet de très nombreuses versions.

jours de leurs armes, que nous devions immédiatement fermer les portes avant et arrière de la cabine passagers ».

« Nous avons verrouillé la porte avant sans problème. Mais pour la porte arrière, qui se manœuvre électriquement, les Palestiniens ont trouvé que cela n'allait pas assez vite. Furieux, ils ont tiré violemment sur la poignée... et bloqué la porte à mi-course. J'ai alors tenté de leur faire comprendre que, dans ces conditions, il allait falloir procéder de l'extérieur, qu'il fallait que quelqu'un descende pour fermer cette porte. Bien entendu, j'agissais avec prudence dans ce genre de... négociation. La consigne, dans ces cas-là, et notamment pour les gens de notre compagnie, est d'obtempérer aux demandes des pirates de l'air, de ne rien faire qui puisse conduire à des risques inutiles. Là, en tout cas, ils ont compris ce que je voulais. Je suis donc descendu de l'avion, en compagnie d'un agent des douanes italien pris comme otage, et d'un Palestinien qui nous tenait en joue avec son pistolet. Mais je n'ai pas réussi à verrouiller la porte, même de l'extérieur. Le mécanisme de fermeture avait été faussé par la manœuvre maladroite des fedayin ».

Chose à peine croyable : un employé de l'aéroport se trouvait encore sous l'avion, en train de vider les toilettes ! Parfaitement.

Comme si de rien n'était. Le membre du commando qui se trouvait avec nous au pied de l'avion l'a aussitôt pris comme otage supplémentaire. Et comme l'employé des douanes, lui, commençait à être pris de panique et tentait de s'enfuir, le terroriste l'a froidement abattu.

A ce moment, je me suis dit : "Joe, il ne faut surtout pas s'affoler, il ne faut pas leur opposer de résistance, sinon, ton compte est bon...". Nous sommes remontés dans l'avion, j'ai regagné le poste de pilotage et ils nous ont fait signe de mettre les moteurs en route. Puis, aussitôt, de les couper et de rouvrir la porte. Nous avons compris pourquoi en voyant arriver un autre Palestinien, le dernier des fedayin. Il était blessé. Apparemment, il s'agissait de l'un de ceux qui étaient allés jeter des bombes dans l'appareil de la Pan Am. Il avait été sonné lui-même par les explosions. Nous avons appris, plus tard, qu'il s'était assis sur l'escalier de l'avion qu'il venait d'attaquer, complètement hébété, à demi inconscient. Ce sont des survivants du *707* qui lui ont dit : "Eh ! vos copains sont partis là-bas, vers cet autre avion !" Bien contents de se débarrasser de cet individu plutôt encombrant. Pendant tout le vol, il est resté affalé sur un siège, sans broncher.

A nouveau, ordre de démarrer les moteurs.

"Go ! Go !", criaient-ils, trouvant sans doute que cela prenait trop de temps. "Go ! Go !". Maintenant, il fallait partir. Une fois encore, j'ai tenté de leur faire comprendre certaines choses. En particulier que pour rouler, il fallait tout d'abord enlever la citerne de carburant qui se trouvait à droite de l'avion, le minibus Volkswagen de service qui stationnait à gauche, le monte-charge qui avait été utilisé pour embarquer les bagages et qui n'avait pas été retiré, le véhicule destiné à vider les toilettes qui était toujours en place à l'arrière de l'avion et, bien entendu, les cales devant les roues. Peine perdue. Ils ne voulaient rien savoir. "Go ! Go!...". Pas question pour eux de rouvrir les portes pour aller faire place nette. J'ai compris que je devais m'en sortir tout seul...».

Un bref instant, au moment où les Palestiniens ont pénétré dans son avion, Joe Kroese a éprouvé ce sentiment d'injustice, de révolte que l'on connaît lorsque le sort vous frappe. "Eh merde! Pourquoi faut-il que cela tombe sur moi ?..." a-t-il pensé. Puis, il s'est raisonné, il a gardé son calme. Même en recevant les ordres idiots des fedayin. Comme il le disait en pesant ses mots : "Il en faut beaucoup pour me mettre en fureur...". Ajouté à son self-control, son passé de pilote militaire lui rendra d'immenses services. A aucun moment, expliquait-il par exemple Joe Kroese, à aucun moment il ne s'est senti véritablement inquiet à propos du carburant dont il disposait à bord de son *Boeing 737*, lorsque les fedayin le *baladeront* d'aérodrome en aérodrome. Sur avion militaire, en effet, il avait l'habitude de voler jusqu'à l'extrême limite de ses réserves en kérosène, et cela lui permettra de ne pas céder à l'inquiétude du pilote qui voit sur la jauge des réservoirs l'aiguille glisser peu à peu vers le zéro. Les situations n'étaient certes pas comparables, mais elles présentaient tout de même quelques similitudes.

Au moment où son avion est détourné par les fedayin, Kroese ne perd pas son sang-froid.

« Ils voulaient que je quitte l'aire de stationnement en dépit de la citerne de carburant, du minibus, du monte-charge et des cales. C'était stupide et dangereux mais il me fallait bien obéir. Pour tenter d'y arriver, j'ai tout d'abord mis pleins gaz sur les deux réacteurs. L'avion a brutalement sauté les cales. Aussitôt, j'ai inversé la poussée des réacteurs, mis ce que l'on appelle la *reverse* pour faire reculer le *Boeing 737*. J'ai répété l'opération à plusieurs reprises, cinq ou six fois peut-être, en avant, en arrière, de la même manière que l'on s'y prend pour garer une voiture dans un créneau étroit ».

« Débarrassés de la citerne, du minibus, nous avons pu commencer à rouler. Les deux portes de la soute à bagages étaient demeurées ouvertes et la porte arrière n'était qu'à demi-verrouillée. Décoller dans ces conditions, c'était de la pure folie. Heureusement, en bout de piste, juste avant que les roues quittent le sol, le copilote est quand même parvenu à fermer cette satanée porte arrière et à la bloquer normalement. Hélas ! il n'était pas question de faire de même avec les soutes. Cela nous privait de pressurisation, c'est-à-dire que la pression de l'air, à l'intérieur de l'avion, serait égale à la pression atmosphérique à l'extérieur. L'appareil n'étant plus étanche, notre système de pressurisation, qui maintient normalement une pression voisine de celle du sol, ne servait plus à rien. Nous ne pouvions donc monter très haut, puisqu'au fur et à mesure que l'on prend de l'altitude, la pression atmosphérique diminue ».

Existe alors le risque de malaises. Cela nous limitait à un plafond d'environ 3 500-4 000 mètres.

« Nous avons d'abord volé tout droit puis, tout à

coup, ils nous ont dit : “Beyrouth...”. Rapidement, le copilote et moi-même, nous avons fait nos calculs et nous nous sommes vite rendu compte que pour nous rendre au Liban, nous serions justes, justes, pour le carburant. Enfin, en visant bien, ça pouvait aller à l’extrême rigueur ».

« Et puis, au bout de trois quarts d’heure à une heure de vol, ils ont changé d’avis. L’un d’entre eux m’a dit : “Athènes”. Mais lorsque j’ai prévenu le contrôle aérien grec de notre changement de destination, on m’a répondu sèchement : “Athènes est fermé !”».

« Athènes ne tenait apparemment pas à nous recevoir. Nous avons tout de même poursuivi notre route, car la ville était toute proche et la piste s’offrait à nous. Nous avons suivi la procédure d’approche classique. En définitive, oh! surprise, deux minutes avant l’atterrissage et après que nous eûmes expliqué aux autorités grecques que nous avions un blessé à bord – c’était un policier italien – Athènes nous a rappelés pour nous dire : “O.K. ! vous pouvez vous poser”. Je me suis garé sur un chemin de roulement, mais j’ai dû couper et remettre en route les moteurs cinq ou six fois pour placer l’avion : les Palestiniens n’étaient jamais contents de la manœuvre. Et puis, la nuit est tombée...».

Dès son atterrissage à Athènes, le *Boeing 737* de la Lufthansa avait été entouré par d’importantes forces de police. Des négociations s’engageaient aussitôt par radio entre les fedayin et les autorités grecques installées dans la tour de contrôle. Les premiers réclamaient aux secondes la libération de deux de leurs camarades emprisonnés à Athènes. Les fedayin fixaient un délai d'une demi-heure pour que les autorités cèdent à leurs exigences. Bien entendu, comme la conversation avait lieu en arabe, il était impossible pour Joe Kroese et ses compagnons de comprendre ce qui se tramait.

« A Athènes, c'était atroce », se souvenait le pilote, des années et des années plus tard. « Comme les Palestiniens estimaient que les négociations n'étaient pas assez rapides, ils ont amené un otage à l'avant de l'avion et annoncé à la tour de contrôle que, puisqu'on n'obéissait pas à leurs ordres, ils allaient exécuter cet otage, et ils l'ont tué, dans notre dos ».

« Cela se passait de l'autre côté de la porte qui sépare le poste de pilotage de la cabine des passagers. Le même scénario s'est répété encore: ultimatum, coups de feu, ultimatum, coups de feu... Menaces... Grenades dégoupillées brandies sous notre nez, menaces... Ils avaient dit par radio qu'une fois le dernier otage exécuté, ils feraient sauter l'appareil. Je crois sincèrement qu'ils l'auraient fait. Placés dans une situation sans issue, ils n'auraient pas hésité à tout faire exploser plutôt que d'être *flingués*. Dans ce genre de situation, le danger vient de la panique qui, peu à peu, s'empare des terroristes ».

« Ce que nous ne savions pas, c'est que mis à part le premier otage, qu'ils avaient réellement exécuté, tout le reste était de la frime. Ils ne les tuaient pas. Et pourtant... pourtant, nous avions bien l'impression que c'était de la frime. Je ne sais pas. Peut-être qu'ils ouvraient trop vite la porte du poste de pilotage, après les coups de feu successifs, une impression, quoi. Puis ils nous ont ordonné de nous lever, le copilote et moi, de nous placer les mains en l'air, face à la paroi, et ils ont dit : "Maintenant, on va tuer le copilote..."».

« Ils l'ont emmené, ont refermé la porte. J'ai entendu un nouveau coup de feu. Mais un quart d'heure plus tard, ils sont revenus et m'ont dit : "Le copilote est vivant". Je ne les croyais pas, je pensais qu'ils me disaient cela pour m'amadouer, parce qu'ils avaient besoin de moi. Alors, pour me prouver qu'ils disaient vrai, ils l'ont ramené pour que je le voie, que je sois convaincu, puis ils l'ont emmené à nouveau. Il ne fallait pas que les Grecs l'aperçoivent, sinon leur chantage n'avait plus de raison d'être. Mais cela a recommencé avec une des hôtesses. Ils l'ont obligée à crier à la radio : "Ils vont me tuer ! Pour l'amour du ciel, faites quelque chose ! Dans trois minutes, ce sera mon tour!..."».

« Le cauchemar a duré seize ou dix-sept heures, mais, en fait, nous n'avons mesuré le temps écoulé que bien plus tard, bien après les événements. Sur le moment, nous avions totalement perdu la notion du temps, nous vivions d'ultimatum en ultimatum ».

« Les conditions que posaient les Palestiniens changeaient d'ailleurs sans cesse, au fur et à mesure de leurs pourparlers avec les responsables grecs qui s'étaient rendus dans la tour de contrôle. Dans un premier temps, ils voulaient récupérer les deux terroristes qui étaient détenus dans les prisons grecques, mais j'ai cru comprendre que ces derniers ne mettaient guère d'empressement à les suivre. Ensuite, ils souhaitaient échanger les otages femmes et les blessés contre deux ambassadeurs, puis contre du carburant, etc.».

« Au matin, ils sont quand même parvenus à un accord sur le kérosène. Les Grecs ont accepté de ravitailler l'avion. Mais il a encore fallu patienter des heures et des heures avant que le chauffeur d'un camion-citerne accepte de conduire son véhicule jusqu'à notre avion. De toute manière, il connaissait mal le *Boeing 737*, ou il avait peur: il n'a pu remplir que deux des trois réservoirs. Enfin, le jour s'est levé et nous nous sommes aperçus, à ce moment-là seulement, que notre appareil était complètement cerné par les forces de police. Les Palestiniens sont alors devenus extrêmement nerveux, de plus en plus nerveux. Cela a été le pire moment, pire que tout ce que nous avions vécu jusque-là ».

« Je me disais qu'avec eux tout pouvait arriver. Leurs réactions étaient imprévisibles. Certes, il y avait eu le moment où ils nous avaient fait lever, le copilote et moi, et où je m'étais dit : "Après tous les autres, eh bien, voilà, ça va être ton tour...". Et l'attente interminable, sans dormir, sans manger non plus, me contentant simplement d'un peu de café. Sans pouvoir bouger du cockpit pendant seize ou dix-sept heures ».

« Aussi ai-je éprouvé une sorte de soulagement lorsqu'on m'a donné l'ordre de décoller à nouveau. D'abord, le copilote est revenu s'installer à mes côtés et il m'a raconté qu'en réalité les fedayin n'avaient tué qu'un seul otage. Puis, avec le jour, j'ai aperçu le cadavre de l'homme qu'ils avaient exécuté et dont ils avaient jeté le corps au-dehors ».

« Je préférais de beaucoup prendre de l'altitude. A Athènes, tout le temps que nous y sommes restés, je n'avais qu'une frousse, c'est que les Grecs, subitement, décident de donner l'assaut à l'appareil. Là, notre compte était bon. Nous aurions été massacres ».

« Enfin, nous avons eu du kérosène. J'ai remis les moteurs en route et avant que nous ne pénétrions sur la piste pour décoller, les hôtesses ont descendu en vitesse par l'issue arrière le policier italien qui avait été blessé au moment de l'attentat. Le copilote en a profité pour fermer les portes de la soute à bagages. C'était de sa part une initiative courageuse. Car les risques étaient grands en raison de la présence autour de l'appareil des forces de l'ordre, le doigt sur la détente de leur arme. Enfin, tout allait presque bien. L'avion était à nouveau en complet état de vol. Presque...».

« Nous avons décollé d'Athènes. D'abord, les Palestiniens s'étaient décidés pour Tripoli, en Libye, puis pour Damas en Syrie, enfin pour Beyrouth au Liban. Nous avons pris successivement ces trois directions. Seulement, en arrivant à Beyrouth, nous nous sommes rendu compte que la piste de l'aérodrome était bloquée par des camions. Impossible d'y atterrir. De toute évidence, on ne voulait pas de nous à Beyrouth. Un autre avion, qui savait de quoi il retournait, un avion de la compagnie K.L.M., je crois, nous a alors indiqué que Damas était ouvert. Va pour Damas. Nous sommes allés nous poser sur l'aérodrome de la capitale syrienne ».

« A Damas, les Palestiniens se sont détendus. Ils semblaient éprouver un grand soulagement. Ils devaient se sentir chez eux. Nous avons enfin été autorisés à bouger et nous avons pu enfin faire connaissance les uns des autres. Nous savions enfin qui exactement se trouvait à bord! C'est là aussi qu'à partir de la tour de contrôle de l'aéroport les autorités ont pu apercevoir le copilote et constater ainsi, qu'en dépit de ce qu'ils avaient proclamé à la radio lorsque nous nous trouvions à Athènes, les terroristes ne l'avaient pas exécuté... ».

Deux heures plus tard, les pleins faits, l'avion redécollait pour une destination inconnue. Inconnue tout au moins pour ceux qui se trouvaient à la tour de contrôle de l'aéroport de Damas, car, à bord de l'avion, les Palestiniens avaient ordonné à Joe Kroese de prendre la direction du Koweit. Mais ils lui avaient interdit d'annoncer leur destination à la radio. De peur, sans doute, que les pays et les aéroports de tout le Proche-Orient se ferment les uns après les autres et que l'avion ait à poursuivre une ronde sans fin. Mais déjà, après Beyrouth, Bagdad venait d'annoncer qu'il n'autoriserait pas l'atterrissage. Après Bagdad, ce fut au tour du Koweit.

« Vingt minutes avant notre arrivée sur ce terrain, on nous a prévenus : “Koweit fermé !”. L'ambassadeur d'Allemagne, qui se trouvait à la tour de contrôle, avait eu le temps de nous avertir par radio que les conditions météorologiques étaient très mauvaises et la visibilité très réduite. De plus, la nuit tombait. Soudain, les communications ont été coupées. Décidément, on ne voulait vraiment pas de nous. Mais comme je n avais plus le choix, j'ai continué quand même ».

« Durant l'approche en direction de la piste, autrement dit la phase finale de la manœuvre qui permet à un avion de se diriger vers une piste d'atterrissage et de s'y poser, je me suis aperçu que l'I.L.S., le système d'atterrissage aux instruments, lui aussi, était coupé". Tout comme la radio-balise placée dans l'axe de la piste et qui sert de repère aux appareils, surtout lorsque le pilote n'a pas la vue du sol. Ce qui était mon cas. La visibilité horizontale n'était que de deux kilomètres. Alors, j'ai réussi à me repérer grâce aux recoupements des indications fournies par deux autres radiobalises situées à quelque distance de là, et qui, elles, Dieu merci, fonctionnaient encore. Pas commode, mais j'y suis arrivé ».

« Bien entendu, le balisage lumineux de la piste d'atterrissage n'était pas allumé. Quand je dis qu'on ne voulait pas de nous ! Et en débouchant sur la piste, qu'est-ce que je vois ? J'aperçois d'abord un véhicule, puis un autre, et un autre encore, tout un tas de camions alignés au beau milieu de la bande de béton ».

« Heureusement, le *Boeing 737* a un avantage, entre autres : son envergure n'est pas démesurée. Je l'ai donc délicatement posé sur une moitié de piste, une aile à ras de la rangée de camions, une autre aile juste au-dessus du bord de piste, les roues frôlant les balises. Ensuite, comme les taxiways, les chemins de roulement mêmes étaient également encombrés de véhicules, j'ai dû zigzaguer, me glisser entre ceux-ci pour gagner l'aire de stationnement ».

« Tout n'était pas terminé pour autant. Notre attente a continué pendant des heures. Le voyage forcé devait se terminer là, mais les négociations portaient cette fois sur... l'ordre dans lequel s'effectuerait la sortie des occupants de l'appareil. Les fedayin ne se tenaient plus d'impatience, devenaient de plus en plus nerveux. Enfin, une solution a été trouvée : les otages sortiraient d'abord, puis l'équipage, enfin les Palestiniens, sans armes. On pouvait encore craindre que ces derniers ne fassent sauter l'avion quand nous l'aurions quitté. Mais non. Tout se déroula parfaitement. Seulement, chose à peine croyable : c'est nous que les Koweitiens fouillaient soigneusement à la descente de l'appareil ! De toute manière, cela n'avait plus guère d'importance. Ce qui en avait, en revanche, c'est que nous ne trouvions même pas une bière ou un whisky dans ce pays sans alcool! Jusqu'à ce que l'ambassadeur nous en apporte discrètement une bouteille ».

« Le whisky aidant, nos langues se délièrent enfin et nous avons pu exprimer tout ce que nous avions ressenti depuis notre départ mouvementé de Rome, la veille, au milieu de la journée ».

Un flot de paroles... La tension se relâchait ainsi d'un seul coup. Une tension que les protagonistes de cette aventure ne mesuraient vraiment que maintenant, alors que tout était terminé. Une tension qu'à des milliers de kilomètres de là, les familles des otages et des membres de l'équipage avaient ressentie de la même manière. Minute après minute, l'épouse de Joe Kroese avait suivi le calvaire de son mari, persuadée qu'elle ne le reverrait jamais. Mais elle demeurait étrangement calme, se forçant à faire bonne figure devant les amis qui l'entouraient en permanence pour la soutenir dans son épreuve, guettant les nouvelles à la radio, ne quittant pas le téléphone. Plus tard, elle réagirait.

Épisode cocasse, lorsque son mari l'appellera au téléphone depuis Koweit, sa première question, celle qui lui viendra spontanément à l'esprit, qu'elle ne pourra s'empêcher de poser en un premier réflexe, sera curieusement : “As-tu appris beaucoup de jurons en arabe?...”. Pour elle, il n'y avait rien de plus important à demander au moment où elle reprenait contact avec Joe !

SOMMAIRE

Dans la collection
HISTOIRES AUTHENTIQUES
aux Éditions Altipresse

Jean-Pierre OTELLI
FRISSONS DANS LE CIEL *Histoires d'aviation*
CATASTROPHES AÉRIENNES *Les passagers ont le droit de savoir...*
LES MIRACULÉS DU CIEL *Histoires de survies extraordinaires...*
LE SECRET DES BOÎTES NOIRES *Enregistrements avant le crash...*
GANGSTERS DU CIEL *Histoires authentiques de pirateries*
POURQUOI ILS SONT TOMBÉS *Les faits... la vérité*
LES FOUS DU CIEL *Ce qui s'est vraiment passé dans les avions*
ERREURS DE PILOTAGE *Ces accidents qu'on aurait pu éviter*
PILOTES DANS LA TOURMENTE *Secret Défense*
CANADAIR *Ces héros qui nous protègent*
CHARTERS *Pour ne plus voyager en mauvaises compagnies*
PILOTE D'HÉLICOPTÈRE
ERREURS DE PILOTAGE N°2

CARNETS DE VOLS *Album avec dessins de* **François BOUSSEAU**
URGENCES À BORD *Album avec dessins de* **François BOUSSEAU**

Germain CHAMBOST et Jean-Pierre MITHOIS
PILOTES *Histoires d'aviation*

Germain CHAMBOST
MISSIONS DE GUERRE
PILOTES D'ESSAIS
VOLS D'ESSAIS

Bernard THOUANEL
AVENTURES DANS LE CIEL

Jean-Claude DEMORY
POMPIERS

Fred BONAMY
CHERCHEURS DE TRÉSORS

Gérard PACELLA
CHASSE

Christophe AGNUS et Pierre-Yves LAUTROU
SKIPPERS DE L'IMPOSSIBLE

François BERTIN
GENDARMES EN OPÉRATIONS

Frédéric ZUMBIEHL
PILOTES DE L'AÉRONAVALE
PILOTES DE CHASSE
PILOTES DE L'EXTRÊME

Yvon LE GOFF
SKIPPERS DE L'AVENTURE

Jean-Marie MATHEY
SOUS-MARINS EN OPÉRATIONS

François BESSE, Germain CHAMBOST, Frédéric LERT et Jean-Pierre OTELLI
LES CHEVALIERS DU CIEL *De la fiction à la réalité*

Frédéric LERT
HÉLICO *Histoires authentiques*

William L. Smallwood
PILOTES DANS L'ENFER IRAKIEN

Impression réalisée sur CAMERON par

BUSSIÈRE

GROUPE CPI

à Saint-Amand-Montrond (Cher)
en avril 2008

N° d'impression : 081241/1.
Dépôt légal : septembre 2004.

Imprimé en France